HOJIAK IST EIN GESCHMACK VON MALAYSIA

100 Rezepte, von Streetfood-Wundern bis hin zu kulinarischen Meisterwerken

AMALIE KÖHLER

Urheberrechtliches Material ©2023

Alle Rechte vorbehalten

Kein Teil dieses Buches darf in irgendeiner Form oder mit irgendwelchen Mitteln ohne die entsprechende schriftliche Zustimmung des Herausgebers und Urheberrechtsinhabers verwendet oder übertragen werden, mit Ausnahme von kurzen Zitaten, die in einer Rezension verwendet werden. Dieses Buch sollte nicht als Ersatz für medizinische, rechtliche oder andere professionelle Beratung betrachtet werden.

INHALTSVERZEICHNIS

INHALTSVERZEICHNIS **3**
EINFÜHRUNG **6**
STREETFOOD UND SNACKS **8**
   1. Hähnchen-Satay-Spieße 9
   2. Malaiischer Netzpfannkuchen 11
   3. Malaysisches Fladenbrot 13
   4. Beef Murtabak (in Roti eingewickeltes Omelett) 15
   5. Knusprig frittierte Frühlingsrollen 18
   6. Weiche Frühlingsrollen 21
   7. Garnelenkrapfen 24
   8. Knusprige Tofu-Röllchen mit Hühnchen 26
   9. Gegrillter Klebreis 29
  10. Hackfleisch-Kartoffel-Kuchen 32
  11. Malaysische indische Linsenfrikadellen 34
  12. Aromatische klare Hühnersuppe 36
  13. Knusprige Weichschalenkrabben 38
  14. Gegrillte Fischpastete im Bananenblatt 40
  15. Gegrillter Tofu 43
  16. Rindfleisch-Satay-Spieße 45
  17. Kak Besahs Curry Puffs 47
  18. Tofu gefüllt mit knackigem Gemüse 50
MEERESFRÜCHTE **52**
  19. Aromatisches Meeresfrüchte-Curry 53
  20. Wolfsbarschfilets in süß-saurer Sauce 56
  21. Gedämpfter Wildbarsch mit Zitronengras und Ingwer 58
  22. Garnelen-Spinat-Pfanne 60
  23. Garnelen-Curry mit gegrillter Ananas 62
  24. Würzig gebackener Schellfisch 64
  25. Würzig-saurer Seeteufel-Eintopf 66
  26. Tintenfisch-Chili-Sambal 68
  27. Krabbenpfanne mit schwarzem Pfeffer 70
  28. Butter-Garnelen-Pfanne 72
  29. Traditionelles Fischcurry 74
  30. Scharfe Tintenfischpfanne 77
  31. Gebratene Garnelen und Saubohnen 79
  32. Rührei mit Austern 81
  33. Knusprig gebratene Dorade mit Kurkuma 84
FLEISCH **86**
  34. Hühnchen in Sojasauce und Honig 87
  35. Malaiisches Hühnercurry 89
  36. Scharf-saurer Rindereintopf 91
  37. Chinesischer Hühnchen-Kräuter-Eintopf 93
  38. Hühnerleber und feine grüne Bohnenpfanne 95
  39. Gegrilltes Steak 97
  40. Reichhaltiges Lammcurry 99

41. Nyonya Kapitan Chicken Curry 102
42. Perak Beef Rendang 105
43. Aromatisches Hühnercurry 108
44. Rindfleisch in Sojasauce 111
45. Hähnchen-Shiitake-Pilz-Pfanne 114
46. Hühnchen in Chili-Tomatensauce 116
47. Malaysisches portugiesisches Teufelscurry 119
48. Gegrilltes Rindfleisch in Kurkuma und Kokosmilch 122
49. Lammfleisch in Kreuzkümmel-Koriander-Sauce 124
50. Chicken Rendang 126
51. Soja-Hähnchenpfanne 128
52. Hähnchen mit Zitronengras und Kokossauce 130
53. Gebratenes, gewürztes Hähnchen 132
54. Rindfleisch-Ingwer-Pfanne 134

GEMÜSE **136**
55. Mangosalat 137
56. Malaysischer Kräuterreis-Lachs-Salat 139
57. Grüner Bohnensalat 141
58. Brunnenkressesalat 143
59. Nyonya Vermicelli Nudelsalat 145
60. Malaysischer Kräuterreis-Lachs-Salat 148
61. Malaiisches Gemüse-Dhal-Curry 150
62. Kürbis in Kurkuma und Kokosmilch 152
63. Blumenkohl-Brokkoli-Pfanne 154
64. Gedämpfter Pak Choy 156
65. Gebratene Okraschoten 158
66. Spinatpfanne 160
67. Eier in Chili-Sambal 162

REIS UND NUDELN **164**
68. Weißer Reis 165
69. Tomatenreis 167
70. Im Wok gebratene flache Nudeln mit Garnelen aus Penang 170
71. Garnelen-Curry Laksa 172
72. Penang-Nudelsuppe mit Fischbrühe 175
73. Gebratene Reisnudeln mit Fadennudeln 178
74. Kokosreis 180
75. Gedämpfter Klebreis mit Kurkuma 182
76. Aromatischer Rindfleischreis 184
77. Kräuterreis 187
78. Gebratener Gemüsereis mit Eiern 189
79. Sardellen-Eierreis 191
80. Gebratener Eierreis im Omelettpaket 193
81. Gebratene Mamak-Nudeln 196
82. Nudeln in Sojasauce mit Meeresfrüchten 198
83. Ipoh Curry Nudelsauce 200
84. Rindfleisch- und Garnelennudeln 203

85. GEBRATENE HÜHNERNUDELN 206
86. MALAIISCHE GEBRATENE NUDELN 208
PUDDINGS UND GETRÄNKE **210**
   87. FRISCHE MANGO, HONIG UND KOKOSNUSS 211
   88. PANDAN-VANILLEPUDDING UND KLEBRIGER REIS, GESCHICHTET, SÜß 213
   89. REIS-KOKOS-DAMPFKUCHEN 215
   90. SÜßER PFANNKUCHEN MIT REIS UND KOKOSNUSS 217
   91. TROPISCHER FRUCHTSALAT 219
   92. MALAYSISCHER TEE 221
   93. SÜßER MUNGOBOHNENBREI 223
   94. MILCHREIS MIT DUNKLEM KOKOSZUCKERSIRUP 225
   95. PANDAN-EISCREME 227
   96. SÜßKARTOFFEL UND BANANE IN KOKOSMILCH 229
   97. BANANENKRAPFENBÄLLCHEN 231
   98. MALAYSISCHER „PULLED" SWEET TEA 233
   99. ZITRONENGRAS-HONIG-TEE 235
   100. ROSENSIRUPGETRÄNK 237
SCHLUSSFOLGERUNG **239**

EINFÜHRUNG

Willkommen in der bezaubernden Welt von „Hojiak ist ein geschmack von malaysia", einem kulinarischen Abenteuer, das Sie dazu einlädt, in die vielfältige und geschmackvolle Vielfalt der malaysischen Küche einzutauchen. Malaysia, am Knotenpunkt Südostasiens gelegen, ist ein Land, das für seine reiche kulturelle Vielfalt bekannt ist, und nirgendwo wird diese Vielfalt mehr gefeiert als in seiner Küche. Dieses Kochbuch fungiert als Portal und lädt Sie ein, 100 sorgfältig ausgearbeitete Rezepte zu entdecken, die die Essenz Malaysias verkörpern – von den lebhaften Streetfood-Wundern, die auf geschäftigen Märkten locken, bis hin zu den raffinierten kulinarischen Meisterwerken, die die Tische seiner vielfältigen Gemeinden zieren.

Stellen Sie sich vor, Sie schlendern durch die pulsierenden Straßen von Kuala Lumpur, wo das Brutzeln von Woks und die verlockenden Düfte der Gewürze eine Symphonie der Aromen erzeugen. In „Hojiak ist ein geschmack von malaysia" begeben wir uns auf eine gastronomische Reise, die den Geist malaysischer Küchen einfängt, wo Generationen die Kunst perfektioniert haben, verschiedene Einflüsse zu einer harmonischen kulinarischen Melodie zu verschmelzen. Jedes Rezept ist eine Anspielung auf das kulturelle Erbe, das die kulinarische Szene Malaysias prägt, und bietet einen Einblick in die Traditionen, Geschichten und Techniken, die im Laufe der Jahrhunderte weitergegeben wurden.

In diesem Kochbuch geht es nicht nur ums Kochen; Es ist eine Erkundung der Sinne, eine Reise durch die lebhaften Märkte, geschäftigen Straßenhändlerstände und raffinierten Restaurants, die gemeinsam die malaysische Gastronomie definieren. Egal, ob Sie ein erfahrener Hobbykoch oder ein Neuling sind, der seinen kulinarischen Horizont erweitern möchte, „Hojiak ist ein geschmack von malaysia" ist Ihr Begleiter bei der Entschlüsselung der Geheimnisse und der Beherrschung der Techniken der malaysischen Küche.

Genießen Sie mit mir die komplexen Aromen, feiern Sie die kulturelle Vielfalt und genießen Sie die Herzlichkeit, die die malaysische Gastfreundschaft ausmacht. Lassen Sie sich von diesen Rezepten leiten, um nicht nur Mahlzeiten, sondern Erlebnisse zu kreieren – einen Geschmack Malaysias, der Grenzen überschreitet und den Geist der Küchen des Landes zu Ihnen nach Hause bringt. Also, während wir uns auf diese kulinarische Odyssee begeben, Terima Kasih (Danke), dass Sie Teil der lebendigen Welt von „Hojiak ist ein geschmack von malaysia" sind. Möge Ihre Küche mit den reichen Aromen und verlockenden Geschmacksrichtungen erfüllt sein, die die malaysische Küche zu einem wahren Genuss machen. Selamat makan (viel Spaß beim Essen)!

STREETFOOD UND SNACKS

1. Hähnchen-Satay-Spieße

ZUTATEN:
- 4 Stängel Zitronengras (nur die untere Hälfte verwenden)
- 1 kg Hähnchenschenkel ohne Knochen, in 10 cm lange Streifen geschnitten
- 3 Esslöffel gemahlene Kurkuma
- ½ Esslöffel gemahlener Kreuzkümmel
- 2 Teelöffel feines Meersalz
- 3 Esslöffel weißer Zucker
- 30 Bambus-Satay-Spieße, 17,5 cm lang (in Wasser eingeweicht)
- Für das Bürstenöl
- 100 ml Pflanzenöl
- 1 Esslöffel weißer Zucker
- 50 ml Kokosmilch
- 1 Stängel Zitronengras, gequetscht

ZUM GARNIEREN:
- 1 rote Zwiebel, in dicke Scheiben schneiden
- 1 Gurke, in kleine Spalten geschnitten

ANWEISUNGEN:

a) Das Zitronengras mit einem Schuss Wasser mit einer Küchenmaschine oder einem Stabmixer glatt rühren. In eine Schüssel geben und Hühnchen, Kurkuma, Kreuzkümmel, Salz und 3 Esslöffel Zucker hinzufügen. Gründlich vermischen und anschließend mindestens 2 Stunden, am besten über Nacht im Kühlschrank marinieren lassen.

b) Die Hähnchenstücke vorsichtig auf die Bambusspieße stecken. Das Fleisch sollte den Spieß bedecken, damit es beim Grillen nicht anbrennt. Decken Sie auch die Spitze des Spießes ab. Für das Bürstenöl Öl, Zucker und Kokosmilch in eine kleine Schüssel geben und gut vermischen.

c) Satay schmeckt am besten, wenn es auf dem Grill oder einem Holzkohlegrill zubereitet wird; Alternativ können Sie auch eine Grillpfanne verwenden. Legen Sie die Hähnchenspieße auf den Grill oder bestreichen Sie sie mit dem zerstoßenen Zitronengras mit der Ölmischung und bewahren Sie die Feuchtigkeit auf. Drehen Sie die Spieße um, um sicherzustellen, dass das Hähnchen gleichmäßig gegart wird.

d) Wenn das Hähnchen durchgegart, braun und leicht verkohlt ist, mit Zwiebeln und Gurke garnieren und mit Erdnusssauce servieren.

2.Malaiischer Netzpfannkuchen

ZUTATEN:
- 400 g einfaches Mehl
- 1 Ei
- 200 ml Kokosmilch
- ½ Esslöffel gemahlene Kurkuma
- 1 Teelöffel feines Meersalz
- 4 Esslöffel Pflanzenöl
- 1 Pandanblatt , zu einem Knoten zusammengebunden (oder 1 Stängel zerdrücktes Zitronengras)

ANWEISUNGEN:

a) Mehl, Ei, Kokosmilch, Kurkuma und Salz in eine Schüssel geben. 725 ml Wasser hinzufügen, gut vermischen und dann mixen, bis die Mischung einen glatten Teig ergibt, der die Rückseite einer Schöpfkelle bedeckt.

b) Stellen Sie eine flache Pfanne auf mittlere Hitze und bestreichen Sie die Pfanne mit etwas Öl, wobei Sie das Pandanblatt verwenden , das dem Teig ein duftendes Aroma verleiht.

c) Stellen Sie einen Roti- Jala- Ausgießer (siehe oben) auf eine Schüssel oder einen tiefen Teller, um ein Tropfen zu vermeiden. Nehmen Sie etwas Teig mit der Schöpfkelle auf, geben Sie ihn in den Ausgießer und geben Sie ihn in die Pfanne. Formen Sie mit dem Ausgießer Kreise aus dem Teig, beginnend in der Mitte der Pfanne. Bewegen Sie sich weiter nach außen, wobei sich die Kreise überlappen und der Teigfluss konstant bleibt, bis Sie einen Pfannkuchen mit einem Durchmesser von etwa 20 cm haben. Es wird wie ein Netz aussehen – hier können Sie Ihrer eigenen Kreativität freien Lauf lassen. Um optimale Ergebnisse zu erzielen, sollte der Ausgießer etwa 6 cm über der Pfanne gehalten werden.

d) Eine halbe Minute backen, bis sich der Pfannkuchen am Rand leicht mit einem Spachtel oder einer Pfannenscheibe anheben lässt. Übertragen Sie es auf eine Arbeitsfläche, falten Sie dann die Seiten nach innen und rollen Sie es von unten nach oben. Wiederholen, bis der gesamte Teig aufgebraucht ist.

e) Mit einfachem malaiischem Hühnercurry servieren.

3.Malaysisches Fladenbrot

ZUTATEN:
- 600 g Mehl, plus etwas Mehl zum Kneten
- 1½ Teelöffel feines Meersalz
- 100 ml Kokoswasser
- 1 Ei
- 2 Esslöffel Pflanzenöl, plus 750 ml Pflanzenöl für die Marinade
- 4 Esslöffel Kondensmilch

ANWEISUNGEN:

a) Mehl und Salz in eine große Schüssel geben und gründlich vermischen.

b) Kokoswasser, Ei, 2 Esslöffel Öl und Kondensmilch in eine mittelgroße Schüssel oder einen Messbecher geben, dann 170 ml Wasser hinzufügen und gut umrühren. Geben Sie diese Mischung in die Mehlschüssel und kneten Sie sie 10 Minuten lang, bis sie glatt und elastisch ist.

c) Die Schüssel mit Frischhaltefolie abdecken und 30 Minuten gehen lassen. Etwas Mehl zum Teig geben und nochmals durchkneten, anschließend weitere 30 Minuten gehen lassen. Nochmals durchkneten, dann den Teig in 10 Teigkugeln von etwa der Größe einer kleinen Faust teilen. Wenn Sie den Teig teilen, verwenden Sie Daumen und Zeigefinger, um den Teig zusammenzudrücken und zu schneiden.

d) Legen Sie die Teigkugeln in einen tiefen Teller und gießen Sie dann 750 ml Öl darüber, bis alle Kugeln bedeckt sind. Mindestens 4 Stunden oder über Nacht marinieren lassen.

e) Legen Sie eine der Teigkugeln auf eine geölte Arbeitsfläche und dehnen und drücken Sie sie mit der Handfläche flach. Drehen Sie sie dann um und dehnen Sie sie noch einige Male, damit sie dünner und größer wird. Falten Sie die Seiten oben und unten um, um eine quadratische Form zu erhalten, in der Luft zwischen den Schichten eingeschlossen ist.

f) Etwas Öl in einer flachen Pfanne erhitzen und den Teig braten, bis beide Oberflächen goldbraun und knusprig sind. Legen Sie nun das frittierte Fladenbrot auf eine saubere Unterlage und blasen Sie es vom Rand nach innen auf, sodass es zerknittert. Mit dem restlichen Teig wiederholen und mit Curry zum Dippen servieren.

4. Rindfleisch- Murtabak (in Roti eingewickeltes Omelett)

ZUTATEN:
FÜR DIE VERPACKUNG
- 1 × malaysischer Fladenbrotteig, aufgeteilt in 10 Stücke, oder 20 fertige (30 × 30 cm) Frühlingsrollenhüllen

FÜR DIE FÜLLUNG
- 2 Esslöffel Pflanzenöl
- 2½ große Zwiebeln, gewürfelt
- 2 Knoblauchzehen, fein gehackt
- 2,5 cm frischer Ingwer, fein gehackt
- 3 Esslöffel gemahlene Gewürzmischung für Fleisch, gemischt mit einem Schuss Wasser
- ½ Teelöffel feines Meersalz
- 1 Esslöffel Tamarindenpaste (oder Zitronen- oder Limettensaft)
- 300g Hackfleisch
- 200 g Kartoffeln, 10 Minuten mit Schale gekocht, dann geschält und zerstampft
- 6 Eier
- Pflanzenöl zum flachen Braten

ANWEISUNGEN:

a) Eine große Bratpfanne bei mittlerer Hitze erhitzen. Fügen Sie das Öl hinzu und kochen Sie die Zwiebeln 2 Minuten lang. Geben Sie dann den Knoblauch und den Ingwer hinzu und braten Sie das Ganze 1 Minute lang weiter.

b) Gewürzmischung, Salz und Tamarindenpaste hinzufügen und kochen, bis die Sauce eingedickt ist. Fügen Sie das Rindfleisch hinzu und braten Sie es 3 Minuten lang, bis es gar ist. Das Kartoffelpüree dazugeben, gut umrühren und 2 Minuten kochen lassen, dann den Herd ausschalten.

c) Schlagen Sie die Eier in eine große Schüssel und schlagen Sie sie vorsichtig. Die gekochte Mischung hinzufügen und gründlich vermischen.

d) Eines der Teigstücke auf einer ebenen Fläche ausbreiten, dann auf einen runden Teller legen und 3 Esslöffel Füllung hinzufügen. Achten Sie darauf, dass der ausgestreckte Teig keine Löcher aufweist, da sonst die Füllung ausläuft. Wickeln Sie es Seite an Seite, sodass ein quadratisches Paket entsteht. Mit dem restlichen Teig und der Füllung wiederholen.

e) Eine Bratpfanne mit etwas Öl bei schwacher Hitze erhitzen. Sobald das Öl heiß ist, drehen Sie die eingewickelten Päckchen nach und nach vorsichtig vom Teller in die Bratpfanne. Achten Sie dabei darauf, dass der Teig nicht reißt, da sonst die Füllung herausfällt. Auf jeder Seite 2–3 Minuten braten, bis sie goldbraun sind. Drücken Sie vorsichtig mit einem Spatel darauf, um zu prüfen – ob die Murtabak noch weich sind, sind sie nicht gar. Wiederholen Sie den Vorgang mit dem restlichen Murtabak und verwenden Sie jedes Mal etwas mehr Öl.

f) Mit Zwiebelrelish und Currysauce servieren.

5. Knusprig frittierte Frühlingsrollen

ZUTATEN:
- 1 Esslöffel Pflanzenöl, plus 500 ml Pflanzenöl zum flachen Braten
- 3 Knoblauchzehen, fein gehackt
- 100g Sojasprossen
- 300 g Jicama (oder Alternativen, siehe oben), Julienne
- 1 mittelgroße Karotte, julieniert
- 2 Esslöffel Austern- oder Pilzsauce
- Eine Prise feines Meersalz
- 20–25 fertige Frühlingsrollenverpackungen (30 × 30 cm)
- süßer Chili -Sambal
- 4 Esslöffel fertig gebratene Schalotten, zum Garnieren (optional)

ANWEISUNGEN:

a) 1 Esslöffel Öl in einem Wok oder einer großen Bratpfanne bei starker Hitze erhitzen und den Knoblauch darin goldbraun braten. Sojasprossen, Jicama-, Karotten-, Austern- oder Pilzsauce und Salz hinzufügen und 2 Minuten braten, bis das Gemüse leicht zusammenfällt. Schalten Sie den Herd aus, schöpfen Sie ihn in ein Sieb und lassen Sie ihn 5 Minuten lang abtropfen. Dadurch wird verhindert, dass sich die Hüllen mit Feuchtigkeit vollsaugen und durchnässen.

b) Legen Sie eine der Hüllen auf eine ebene Fläche, wobei die Ecken rautenförmig nach oben und unten zeigen, und geben Sie einen Esslöffel der Füllung darauf, beginnend an der unteren Ecke. Rollen Sie die Hülle über die Füllung, drücken Sie sie leicht zusammen, um eine feste Rolle zu erhalten, und rollen Sie sie dann bis zur Hälfte nach oben weiter. Falten Sie die linke und rechte Seite nach innen, rollen Sie sie bis zum oberen Rand auf und bestreichen Sie sie dann mit etwas Wasser, um sie zu verschließen. Wiederholen Sie den Vorgang mit den restlichen Wraps und der Füllung.

c) Das Öl zum Braten in einem Topf bei mittlerer Hitze erhitzen. Um zu prüfen, ob das Öl heiß genug ist, tauchen Sie das Ende eines Holzlöffels in das Öl – beim Braten bilden sich rund um den Löffel Blasen und sollten auf einem Küchenthermometer zwischen 180 °C und 200 °C angezeigt werden. Die Frühlingsrollen 4–5 Minuten braten, bis sie goldbraun und knusprig sind, dann mit einem Schaumlöffel herausnehmen und auf Küchenpapier abtropfen lassen. Wenn Ihr Topf klein ist, braten Sie sie portionsweise.

d) Ordnen Sie die Frühlingsrollen nebeneinander auf einer Servierplatte an, bestreichen Sie sie mit dem Sambal und bestreuen Sie sie nach Belieben mit den gebratenen Schalotten. Sofort servieren.

6.Weiche Frühlingsrollen

ZUTATEN:
- 20–25 Frühlingsrollenverpackungen
- süßer Chili-Sambal

FÜR DIE FÜLLUNG
- 2 Esslöffel Pflanzenöl
- 1 mittelgroße Zwiebel, in dünne Scheiben geschnitten
- 4 Knoblauchzehen, fein gehackt
- 30 g getrocknete Garnelen, 5 Minuten in warmem Wasser eingeweicht (optional)
- 250 g Jicama, geschält und mit einer Reibe zerkleinert
- 200g Sojasprossen
- 100 g Karotten, geschält und mit einer Reibe zerkleinert
- 3 Esslöffel Austernsauce
- 1 Teelöffel feines Meersalz
- ½ Teelöffel gemahlener weißer Pfeffer

ZUM GARNIEREN:
- 4 Esslöffel zerstoßene geröstete Erdnüsse
- 6 Stück fertig gebratener, schwammiger Tofu, fein gehackt
- Omelett mit 1 Ei, in Streifen geschnitten
- 4 Esslöffel fertig gebratene Schalotten

ANWEISUNGEN:

a) Für die Füllung das Öl in einem Wok oder einer großen Bratpfanne bei mittlerer Hitze erhitzen und die Zwiebel und den Knoblauch anbraten, bis sie duften und goldbraun sind. Fügen Sie die getrockneten Garnelen hinzu (falls verwendet) und kochen Sie sie 1 Minute lang. Fügen Sie dann Jicama, Sojasprossen, Karotten, Austern- oder Pilzsauce und Salz hinzu. 2 Minuten kochen lassen, bis das Gemüse zusammenfällt, dann den Herd ausschalten. Fügen Sie den weißen Pfeffer hinzu, rühren Sie ihn um, schöpfen Sie ihn dann in ein Sieb und stellen Sie ihn 3–4 Minuten lang beiseite, damit der Saft abtropfen kann.

b) Legen Sie eines der Frühlingsrollenpapiere auf eine ebene Fläche und geben Sie 1 Esslöffel der Füllung darauf, beginnend an der unteren Ecke. Rollen Sie die Hülle über die Füllung, drücken Sie sie leicht zusammen, um eine feste Rolle zu erhalten, und rollen Sie sie dann bis zur Hälfte nach oben weiter. Falten Sie die linke und rechte Seite nach innen und rollen Sie sie bis zum oberen Rand auf. Bestreichen Sie sie dann mit etwas Wasser, um sie zu verschließen. Wiederholen Sie den Vorgang mit den restlichen Wraps und der Füllung.

c) Die Frühlingsrollen nebeneinander auf einer Platte oder einem großen Teller anrichten und mit dem Sambal bestreichen. Mit zerstoßenen Erdnüssen, knusprigem Tofu, Omelettstreifen und gebratenen Schalotten garnieren und sofort servieren.

7.Garnelenkrapfen

ZUTATEN:
- 125 g einfaches Mehl
- 25 g selbstaufziehendes Mehl
- 1½ Teelöffel gemahlene Kurkuma
- 1½ Teelöffel feines Meersalz
- 750 ml Pflanzenöl zum Braten
- 200g Sojasprossen
- 100 g chinesischer Knoblauch-Schnittlauch (oder Frühlingszwiebeln), 2,5 cm lang geschnitten
- 12 rohe Riesengarnelen, geschält

ANWEISUNGEN:
a) Geben Sie das einfache Mehl und das selbstaufgehende Mehl, Kurkuma und Salz in eine Schüssel und fügen Sie nach und nach 500 ml Wasser hinzu und rühren Sie gut um, bis die Mischung einen glatten und dicken Teig ergibt.
b) Einen Wok oder einen tiefen Topf bei mittlerer Hitze erhitzen. Geben Sie das Öl hinzu und testen Sie es mit einem Stück Sojasprossen, um zu prüfen, ob das Öl heiß genug ist. Wenn es brutzelt, ist es fertig. Wenn Sie ein Thermometer haben, sollte die Temperatur zwischen 180°C und 200°C liegen.
c) Sojasprossen, Schnittlauch und Garnelen zum Teig geben und mit einem Löffel unterheben, sodass eine kleine Kugel entsteht, jeweils eine Garnele pro Kugel. Lassen Sie jede Teigkugel vorsichtig in das Öl fallen. Vermeiden Sie es, die Bällchen zu groß zu machen, da das Garen dann länger dauert und sie außen anbrennen können, innen aber nicht vollständig gegart sind. Bei Bedarf portionsweise frittieren.
d) Jede Kugel 2–3 Minuten lang knusprig und goldbraun braten, dann mit einem Schaumlöffel herausnehmen und mit Erdnuss- oder Chilisauce servieren.

8. Knusprige Tofu-Röllchen mit Hühnchen

ZUTATEN:
- 10 Quadrate Bohnenquarkschale (20 × 20 cm)
- 1 Esslöffel Maisstärke , mit einem Schuss Wasser zu einer Paste verrühren
- 250 ml Pflanzenöl zum flachen Braten
- Für die Füllung
- 1 Esslöffel Pflanzenöl
- 4 Knoblauchzehen, fein gehackt
- 300 g Hähnchen, gehackt
- 2 Teelöffel gemahlenes Fünf-Gewürz, gemischt mit einem Schuss Wasser
- ½ Teelöffel gemahlener weißer Pfeffer
- 200 g Jicama (oder Alternativen, siehe oben), zerkleinert
- 1 Karotte, geraspelt
- 1 Esslöffel helle Sojasauce
- ½ Teelöffel Sesamöl
- ½ Teelöffel feines Meersalz
- 1 Ei, geschlagen
- 1 Frühlingszwiebel, in 0,5 cm dicke Scheiben geschnitten

ANWEISUNGEN:

a) Um die Füllung zuzubereiten, erhitzen Sie eine große Bratpfanne bei mittlerer Hitze, geben Sie einen Esslöffel Öl hinzu und braten Sie den Knoblauch einige Sekunden lang an, bis er duftet. Fügen Sie das Hähnchen, die Fünf-Gewürze-Pfeffermischung und den weißen Pfeffer hinzu und kochen Sie, bis die Hähnchenstücke versiegelt sind. Jicama, Karotte, helle Sojasauce, Sesamöl und Salz hinzufügen und kochen, bis das Gemüse gut vermischt und leicht zusammengefallen ist. Das Ei dazugeben und vorsichtig umrühren, bis die Füllung eindickt. Zum Schluss die Frühlingszwiebel hinzufügen. Gut umrühren und die Hitze ausschalten.

b) Legen Sie ein Stück Tofuschale auf eine Arbeitsfläche und geben Sie 2 Esslöffel Füllung in die Mitte. Beginnen Sie mit dem Einwickeln von unten und rollen Sie es vorsichtig zur Mitte hin, falten Sie dann die Seiten ein und rollen Sie weiter nach oben. Mit der Maismehlpaste bestreichen, um die Rolle zu versiegeln. Wiederholen Sie den Vorgang mit der restlichen Tofuschale und der Füllung.

c) Erhitzen Sie das Öl zum Braten in einer mittelgroßen Bratpfanne bei schwacher Hitze. Wahrscheinlich müssen Sie die Brötchen in zwei oder drei Portionen frittieren. Sobald das Öl fertig ist, senken Sie die Brötchen vorsichtig in das Öl und braten Sie sie 2–3 Minuten lang, bis sie knusprig braun sind. Mit einem Schaumlöffel herausnehmen und mit Küchenpapier abtupfen, um überschüssiges Öl zu entfernen.

d) Sofort servieren, mit dunkler Chilisauce oder Chili-Essig-Dip.

9.Gegrillter Klebreis

ZUTATEN:
- 8 Stück Bananenblatt (oder Aluminiumfolie), 18 × 18 cm
- 300 g Klebreis, 4 Stunden oder über Nacht in Wasser eingeweicht
- 100 ml Kokosmilch
- 1½ Teelöffel feines Meersalz
- 3 Esslöffel Pflanzenöl
- 1 Teelöffel gemahlener Kreuzkümmel
- 1 Teelöffel gemahlener Kurkuma
- 1 Teelöffel feines Meersalz
- 1 Teelöffel weißer Zucker
- 20 g getrocknete Garnelen, 10 Minuten in warmem Wasser eingeweicht (oder frische Garnelen)
- 75g Kokosraspeln
- 1 Frühlingszwiebel, in 1 cm dicke Scheiben geschnitten

FÜR DIE PASTE:
- 1 Schalotte
- 1 cm frischer Galgant (oder Ingwer)
- 1 Stängel Zitronengras
- 4 getrocknete Chilischoten , 10 Minuten in kochendem Wasser eingeweicht

ANWEISUNGEN:

a) Reinigen Sie die Bananenblätter, falls Sie sie verwenden, und machen Sie sie dann weich, indem Sie sie einige Sekunden lang auf eine kleine Flamme oder über den Dampf eines Wasserkochers stellen.

b) Stellen Sie einen Dampfgarer auf oder stellen Sie einen Rost in einen Wok oder eine tiefe Pfanne mit Deckel. 5 cm Wasser einfüllen und bei mittlerer Hitze zum Kochen bringen. Stellen Sie eine tiefe runde Kuchenform (23 cm) in die Mitte des Dampfgarers, geben Sie dann den Klebreis hinzu und dämpfen Sie ihn 30 Minuten lang.

c) Nehmen Sie die Dose vom Dampfgarer und geben Sie Kokosmilch und Salz hinzu. Gut vermischen, dann nochmals weitere 15 Minuten dämpfen. Nehmen Sie die Dose aus dem Dampfgarer und stellen Sie sie zur Seite, damit der Reis abkühlen kann.

d) Die Zutaten der Paste mit einer Küchenmaschine oder einem Stabmixer pürieren, bis eine glatte Masse entsteht. Einen Wok oder eine große Bratpfanne bei mittlerer Hitze erhitzen, dann das Öl hinzufügen und die Paste 2 Minuten lang anbraten, bis sie duftet. Kreuzkümmel, Kurkuma, Salz, Zucker und getrocknete Garnelen hinzufügen und 1 Minute kochen lassen.

e) Geben Sie die Kokosraspeln und 200 ml Wasser hinzu, stellen Sie dann die Hitze auf niedrige Stufe und lassen Sie das Ganze 3 Minuten lang köcheln, bis die Mischung trocken ist. Zum Schluss die Frühlingszwiebel hinzufügen, gut umrühren und den Herd ausschalten. Die Füllung in eine Schüssel geben und vollständig abkühlen lassen.

f) Teilen Sie den Klebreis in 8 Portionen. Legen Sie ein Bananenblatt (oder Aluminiumfolie) flach darauf, geben Sie 2 Teelöffel der Garnelenfüllung darauf und wickeln Sie es vorsichtig mit Klebreis und Bananenblatt ein. Die Technik ähnelt der Zubereitung von Sushi. Wickeln Sie es schön fest ein, ohne das Blatt zu zerreißen. Verschließen Sie die Ober- und Unterseite des Blattes mit einem Zahnstocher und wiederholen Sie den Vorgang dann mit den restlichen Blättern und der Füllung.

g) In einer Bratpfanne auf jeder Seite 5 Minuten grillen oder trocken braten.

10. Hackfleisch- und Kartoffelkuchen

ZUTATEN:
- 1 kg mehlige Kartoffeln
- 250g Hackfleisch
- ½ Esslöffel gemahlener Kreuzkümmel
- 1½ Teelöffel feines Meersalz
- 2 Frühlingszwiebeln, in 0,5 cm dicke Scheiben geschnitten
- 4 Esslöffel fein gehackter frischer Koriander
- 1 Teelöffel gemahlener weißer Pfeffer
- 4 Esslöffel fertig gebratene Schalotten
- 4 mittelgroße Eier
- 400 ml Pflanzenöl zum Braten

ANWEISUNGEN:

a) 3 Liter Wasser zum Kochen bringen und die Kartoffeln 10–15 Minuten kochen, bis sie weich sind. Mit einem Schaumlöffel herausnehmen und mit kaltem Wasser abspülen, um sie etwas abzukühlen. Die Kartoffeln schälen und in Stücke schneiden, dann in eine Schüssel geben und glatt pürieren.

b) Eine große Bratpfanne bei mittlerer Hitze erhitzen. Das Hackfleisch, den Kreuzkümmel und einen halben Teelöffel Meersalz dazugeben und 5 Minuten kochen lassen, dann in die Schüssel mit dem Kartoffelpüree geben. Frühlingszwiebeln, Koriander, weißen Pfeffer, gebratene Schalotten und das restliche Salz hinzufügen und gründlich vermischen. Formen Sie aus der Mischung Kugeln mit einem Durchmesser von 5 cm und drücken Sie diese vorsichtig auf Ihrer Handfläche flach, sodass Kartoffelküchlein mit einer Dicke von 2 cm entstehen.

c) Die Eier in einer flachen Schüssel verquirlen. Eine tiefe, mittelgroße Bratpfanne bei mittlerer Hitze erhitzen und das Öl hinzufügen. Um zu prüfen, ob das Öl heiß genug ist, geben Sie eine Frühlingszwiebelscheibe hinein und wenn es zu sprudeln beginnt, ist es fertig. Tauchen Sie die Kartoffelpuffer in das verquirlte Ei und braten Sie sie auf jeder Seite 2 Minuten lang, bis sie knusprig braun sind. Braten Sie sie portionsweise an, wenn nicht alle gleichzeitig in die Pfanne passen.

11. Malaysische indische Linsenfrikadellen

ZUTATEN:
- 500 g gespaltene Linsen (Chana Dhal), mindestens 4 Stunden oder über Nacht in Wasser eingeweicht
- 2 Esslöffel Pflanzenöl, plus 500 ml Pflanzenöl zum Braten
- 2 große Zwiebeln, gewürfelt
- 4 Zweige frische Curryblätter (oder 6 Lorbeerblätter, grob gehackt)
- 1 Esslöffel Kreuzkümmelsamen
- 1 Esslöffel getrocknete Chiliflocken
- ¾ Esslöffel feines Meersalz
- 1½ Esslöffel weißer Zucker

ANWEISUNGEN:
a) Die Linsen abtropfen lassen, dann in eine Küchenmaschine geben und pürieren, bis eine glatte Masse entsteht. In eine große Schüssel umfüllen und beiseite stellen.
b) Eine tiefe, mittelgroße Bratpfanne bei mittlerer Hitze erhitzen und die 2 Esslöffel Öl hinzufügen. Wenn es heiß ist, kochen Sie die Zwiebeln, Curryblätter und den Kreuzkümmel, bis sie duften und die Zwiebeln goldbraun sind. Geben Sie die Mischung in die Schüssel mit den Linsen. Chiliflocken , Salz und Zucker dazugeben und gründlich vermischen.
c) Formen Sie die Mischung vorsichtig mit den Fingern, sodass 20 runde, flache Pastetchen entstehen.
d) Wischen Sie die Bratpfanne mit Küchenpapier aus, stellen Sie sie dann auf mittlere Hitze und geben Sie das Öl zum Braten hinein. Die Patties portionsweise auf jeder Seite 2 Minuten braten, bis sie knusprig sind. Sofort servieren, mit Joghurt-Dip.

12. Aromatische klare Hühnersuppe

ZUTATEN:
- 250g Babykartoffeln, gewaschen
- 500g Hähnchenstücke, mit Knochen
- 1 mittelgroße rote Zwiebel, geviertelt
- 100 g Karotte, in dünne Scheiben geschnitten
- 5 cm lange Zimtstange
- 2 Sternanis
- 4 grüne Kardamomkapseln
- 1 Teelöffel grob gemahlener schwarzer Pfeffer
- 1 Teelöffel feines Meersalz

ANWEISUNGEN:
a) Alle Zutaten mit 1,5 Liter Wasser in einen großen Topf geben.
b) Zum Kochen bringen, dann die Hitze reduzieren und ohne Deckel 30 Minuten köcheln lassen, bis sich das Hühnerfleisch von den Knochen löst.
c) Sofort servieren.

13. Knusprige Weichschalenkrabben

ZUTATEN:

- 150g Speisestärke
- 2 Teelöffel gemahlener weißer Pfeffer
- 2 Teelöffel feines Meersalz
- 1½ Esslöffel Sesamöl
- 8 Weichschalenkrabben
- 3 Eiweiß
- 500 ml Pflanzenöl zum Frittieren

ANWEISUNGEN:

a) Maisstärke , weißen Pfeffer und Salz in eine Schüssel geben und gründlich vermischen. Reiben Sie die Krabben in einer separaten Schüssel vorsichtig mit dem Sesamöl ein. Tauchen Sie die Krabben in das Eiweiß, geben Sie sie dann in die Maismehlmischung und bestreichen Sie sie großzügig damit.

b) Vorsichtig schütteln, um überschüssiges Mehl zu entfernen, und auf ein Backblech legen.

c) Einen Wok oder eine tiefe mittelgroße Bratpfanne bei mittlerer Hitze erhitzen und das Öl hinzufügen. Das Öl muss heiß genug sein, sonst wird der Teig nicht knusprig. Testen Sie es, indem Sie etwas Teig hineinstreuen – wenn es brutzelt, ist das Öl heiß genug, um die Krabben zu braten.

d) Frittieren Sie die Krabben in zwei oder drei Portionen jeweils 4 Minuten lang oder bis der Teig braun und knusprig ist. Je weniger Krabben Sie auf einmal braten, desto weniger Zeit wird dafür benötigt. Mit einem Schaumlöffel herausnehmen und sofort servieren. Als Vorspeise oder Snack mit süßem Chili servieren Sambal.

14. Gegrillte Fischpastete im Bananenblatt

ZUTATEN:
- 12 Stück Bananenblatt (oder Aluminiumfolie), 20 × 20 cm
- 500 g Kabeljaufilet, grob gehackt
- 250 ml Kokosmilch
- 2 mittelgroße Eier, leicht geschlagen
- 4 Kaffernlimettenblätter, in dünne Scheiben geschnitten (oder Schalenstreifen von 2 Limetten)
- ½ Teelöffel gemahlener weißer Pfeffer
- ½ Esslöffel brauner Zucker
- 1 Teelöffel feines Meersalz

FÜR DIE GEWÜRZPASTE
- 2 Schalotten
- 3 Knoblauchzehen
- 6–8 getrocknete Chilischoten , 10 Minuten in kochendem Wasser eingeweicht
- 5 cm frischer Galgant (oder Ingwer)
- 5 cm frische Kurkuma (oder 2 Teelöffel gemahlene Kurkuma)
- 3 Stängel Zitronengras (nur die untere Hälfte verwenden)
- 1 Teelöffel Garnelenpaste, trocken geröstet (oder 2 Esslöffel Fischsauce)

ANWEISUNGEN:

a) Reinigen Sie die Bananenblätter, falls Sie sie verwenden, und machen Sie sie dann weich, indem Sie sie einige Sekunden lang auf eine kleine Flamme oder über den Dampf eines Wasserkochers stellen. Das Blatt wird dunkel, wird weicher und lässt sich leichter einwickeln.

b) Mit einer Küchenmaschine oder einem Stabmixer die Zutaten der Paste zu einer glatten Masse pürieren und in eine große Schüssel geben. Den Fisch pürieren, bis er glatt ist, und zur Paste in die Schüssel geben. Kokosmilch und Eier dazugeben und gründlich verrühren. Fügen Sie die Kaffernlimettenblätter, den weißen Pfeffer, den Zucker und das Salz hinzu und vermischen Sie alles noch einmal gut.

c) Teilen Sie die Mischung in 12 Portionen auf und geben Sie eine Portion auf ein Bananenblatt. Wickeln Sie die Mischung vorsichtig in das Blatt ein, sodass ein langes Päckchen entsteht. Befestigen Sie beide Enden mit Zahnstochern, indem Sie sie durch das Blatt stechen. Wiederholen Sie den Vorgang mit den restlichen Bananenblättern und der Paste.

d) Eine Grillpfanne oder Bratpfanne bei schwacher Hitze erhitzen und die Päckchen auf jeder Seite 5 Minuten braten, bis die Bananenblätter braun geworden sind.

e) Drücken Sie vorsichtig auf eines der Päckchen. Wenn die Mischung darin fest ist, ist sie gar.

f) Sofort servieren.

15.Gegrillter Tofu

ZUTATEN:
- 24 Stück fertig gebratener schwammiger Tofu
- 8 Bambusspieße, 17,5 cm lang
- ½ Teelöffel gemahlener weißer Pfeffer

ANWEISUNGEN:

a) Auf jeden Bambusspieß 3 Stücke Tofu spießen. Stellen Sie Ihre Grillpfanne auf hohe Hitze. Die Pfanne muss sehr heiß sein, um einen verkohlten Effekt zu erzeugen. Sobald der Tofu fertig ist, grillen Sie ihn auf jeder Seite 2–3 Minuten lang, bei Bedarf auch in mehreren Portionen, bis er verkohlt ist.

b) Mit weißem Pfeffer bestreuen und sofort servieren, mit Chili -Essig- Dip oder süßem Chili- Sambal.

16. Rindfleisch-Satay-Spieße

ZUTATEN:
- 5 Stängel Zitronengras (nur die untere Hälfte verwenden)
- 5 cm frischer Galgant (oder Ingwer)
- 5 cm frische Kurkuma (oder 2 Teelöffel gemahlene Kurkuma)
- 1 kg Rinderfilet, in 10 cm lange Streifen geschnitten
- 1½ Esslöffel Koriandersamen, grob gemahlen
- ½ Esslöffel gemahlener Kreuzkümmel
- ½ Esslöffel gemahlener Fenchel
- ½ Teelöffel feines Meersalz
- 3 Esslöffel weißer Zucker
- 30 Bambus-Satay-Spieße, 17,5 cm lang (zum Grillen 30 Minuten in Wasser eingeweicht)
- Für das Bürstenöl
- 100 ml Pflanzenöl
- 1 Esslöffel Zucker
- 50 ml Kokosmilch
- 1 Stängel Zitronengras, am Ende angequetscht

ANWEISUNGEN:
a) Zitronengras, Galgant und Kurkuma zusammen mit einem Schuss Wasser in einer Küchenmaschine oder mit einem Stabmixer glatt rühren. In eine Schüssel geben und Rindfleisch, Koriander, Kreuzkümmel, Fenchel, Salz und Zucker hinzufügen. Gründlich vermischen und anschließend mindestens 2 Stunden oder noch besser über Nacht im Kühlschrank marinieren lassen. Die Rindfleischstücke vorsichtig auf die Bambusspieße stecken. Das Fleisch sollte die Spieße einschließlich der Spitze bedecken, damit sie beim Grillen nicht anbrennen.
b) Für das Bürstenöl Öl, Zucker und Kokosmilch in eine kleine Schüssel geben und gut vermischen.
c) Satay schmeckt am besten, wenn es auf dem Grill oder einem Holzkohlegrill zubereitet wird; Alternativ können Sie auch eine Grillpfanne verwenden.
d) Legen Sie die Rindfleischspieße auf einen heißen Grill und bestreichen Sie sie mit dem zerstoßenen Zitronengras mit der Ölmischung, um die Feuchtigkeit zu bewahren. Drehen Sie die Spieße gelegentlich um, um sicherzustellen, dass das Rindfleisch gleichmäßig gegart wird. Mit Erdnusssauce servieren.

17.Kak Besahs Curry-Puffs

ZUTATEN:
- 1 Esslöffel schwarze Pfefferkörner
- 2 Teelöffel Fenchelsamen
- 1 Sternanis
- 5 cm lange Zimtstange
- 2 Esslöffel Pflanzenöl, plus 700 ml Pflanzenöl zum Braten
- 2 Schalotten, fein gehackt
- 2,5 cm frischer Ingwer, fein gehackt
- 500 g Kartoffeln, geschält und in 1 cm große Würfel geschnitten
- 1½ Teelöffel feines Meersalz
- 100 g rohe, geschälte Garnelen, grob gehackt
- 2 mittelgroße Zwiebeln, gewürfelt
- 2 Esslöffel grob gehackte frische Korianderblätter
- 2 Esslöffel Frühlingszwiebeln, in 1 cm dicke Scheiben geschnitten

FÜR DEN GEBÄCK-ERSTEN TEIL (GELBER TEIG)
- 75 g gekühlte Butter, gewürfelt
- 100 g einfaches Mehl

ZWEITER TEIL (WEISSER TEIG)
- 250g Mehl
- 100 ml kaltes Wasser
- 1 Ei, geschlagen
- 1 Teelöffel feines Meersalz

ANWEISUNGEN:

a) Schwarze Pfefferkörner, Fenchel, Sternanis und Zimt trocken rösten, bis ein angenehmer Duft entsteht. Verwenden Sie eine Gewürzmühle oder einen Stößel und Mörser, um die gerösteten Gewürze fein zu mahlen oder zu zerstoßen. 50 ml Wasser zu der Mischung hinzufügen.

b) Einen Wok oder eine große Bratpfanne bei mittlerer Hitze erhitzen und die 2 Esslöffel Öl hinzufügen. Schalotten und Ingwer anbraten, bis sie duften und goldbraun sind, dann die gemahlenen Gewürze hinzufügen und 1 Minute braten. Fügen Sie die Kartoffeln und das Salz hinzu, rühren Sie eine weitere Minute lang um und fügen Sie dann 300 ml Wasser hinzu – die Kartoffeln sollten bedeckt sein. Bei mittlerer Hitze köcheln lassen, bis sie weich und trocken sind.

c) Nun Garnelen, Zwiebeln, Koriander und Frühlingszwiebeln hinzufügen. Kochen, bis die Zwiebeln weich sind, dann den Herd ausschalten. Beiseite stellen und die Kartoffelfüllung abkühlen lassen.

d) Für den Teig die Zutaten für den ersten Teil (gelber Teig) in eine Schüssel geben und verrühren, bis ein Teig entsteht. Beiseite legen. In einer separaten Schüssel die Zutaten für den zweiten Teil (weißer Teig) vermischen, bis ein fester Teig entsteht. Teilen Sie jeden Teig in 5 runde Kugeln. Drücken Sie eine der weißen Teigkugeln vorsichtig mit den Fingern flach, legen Sie dann eine gelbe Teigkugel hinein und wickeln Sie sie ein. Wiederholen Sie den Vorgang, um die restlichen Teigkugeln zu formen.

e) Streuen Sie ein wenig Mehl auf eine Arbeitsfläche und drücken Sie mit einem Nudelholz eine Teigkugel flach, rollen Sie sie zu einem etwa 1 cm dicken Oval aus und rollen Sie sie dann von der Seite aus, sodass ein langer Streifen entsteht. Mit dem Nudelholz noch einmal flach drücken und erneut von oben nach unten rollen. Schneiden Sie es mit einem scharfen Messer in vier Stücke und drücken Sie sie erneut flach, sodass ovale Formen mit einer Dicke von etwa 0,5 cm entstehen.

f) Geben Sie einen Löffel Kartoffelfüllung auf jedes ovale Teigstück, falten Sie es in der Mitte und drücken Sie die Ränder zusammen, um es zu verschließen. Um ein gekräuseltes Muster zu erstellen, drücken Sie die Kanten mit Daumen und Zeigefinger zusammen und falten Sie sie. Mit dem restlichen Teig und der Füllung wiederholen.

g) Das Pflanzenöl zum Braten in einer großen Pfanne bei mittlerer bis niedriger Hitze erhitzen und die Karipaps portionsweise goldbraun braten. Warm servieren.

18. Tofu gefüllt mit knackigem Gemüse

ZUTATEN:

- 100 ml Pflanzenöl
- 20 Stück fertig gebratener schwammiger Tofu
- 100g Sojasprossen
- 200 g Gurke, geschält, entkernt und in dünne Streifen geschnitten
- 1 Karotte, fein geschnitten oder geraspelt

ANWEISUNGEN:

a) Schneiden Sie den Tofu an einer Seite auf und schneiden Sie ihn zur Hälfte durch, um eine Tasche zu schaffen, in die Sie das Gemüse füllen können. In einer großen Bratpfanne das Öl bei mittlerer Hitze erhitzen und den Tofu portionsweise 1 Minute lang erneut braten, bis die Außenhaut knusprig wird. Herausnehmen und mit Küchenpapier abtupfen, um überschüssiges Öl zu entfernen.

b) Blanchieren Sie die Sojasprossen 10 Sekunden lang in kochendem Wasser, bis sie leicht zusammengefallen sind. In eine Schüssel geben, dann Gurke und Karotte dazugeben und alles gut vermischen.

c) Den Tofu mit dem gemischten Gemüse füllen, auf eine Platte oder einen großen Teller geben und mit Erdnusssauce servieren.

MEERESFRÜCHTE

19. Aromatisches Meeresfrüchte-Curry

ZUTATEN:
- 8 Esslöffel Pflanzenöl
- 1 Sternanis
- 5 cm lange Zimtstange
- 2 Nelken
- 2 Zweige frische Curryblätter, Blätter gepflückt (oder 3 Lorbeerblätter)
- 8 rohe Riesengarnelen, geschält
- 250g Muscheln, in ihrer Schale
- 200–300 g Tintenfischröhrchen, eingekerbt
- 100 ml Kokosmilch
- 1 Teelöffel feines Meersalz
- 1 Esslöffel Limettensaft

FÜR DIE GEMAHLENEN GEWÜRZE:
- 1½ Esslöffel gemahlener Koriander
- 1 Teelöffel gemahlener Kreuzkümmel
- 1 Teelöffel gemahlener Fenchel

FÜR DIE PASTE:
- 3 Schalotten
- 5 Knoblauchzehen
- 5 cm frische Kurkuma (oder 2 Teelöffel gemahlene Kurkuma)
- 5 cm frischer Ingwer
- 10 getrocknete Chilis , 10 Minuten in kochendem Wasser eingeweicht
- 1½ Teelöffel Garnelenpaste, trocken geröstet (oder 2 Esslöffel Fischsauce)

ANWEISUNGEN:

a) Die Zutaten der Paste, bei Bedarf mit etwas Wasser, in einer Küchenmaschine oder mit einem Stabmixer zerkleinern und dann in eine Schüssel geben. Die gemahlenen Gewürze hinzufügen und gründlich vermischen.

b) In einem großen Topf das Öl bei mittlerer Hitze erhitzen und Sternanis, Zimt, Nelken und Curryblätter kochen, bis es duftet. Die Pastenmischung hinzufügen und 2 Minuten kochen lassen.

c) Geben Sie nun die Garnelen, Muscheln (alle offenen Muscheln wegwerfen, die sich beim Klopfen nicht schließen lassen) und den Tintenfisch zusammen mit 300 ml Wasser hinzu.

d) 2–3 Minuten kochen lassen, bis die Garnelen rosa werden, sich die Muscheln öffnen und der Tintenfisch sich zusammenrollt. Entsorgen Sie alle Muscheln, die sich nicht geöffnet haben.

e) Kokosmilch und Salz hinzufügen, alles gut umrühren und eine weitere Minute kochen lassen. Zum Schluss den Limettensaft hinzufügen, noch einmal gut umrühren und den Herd ausschalten. In eine Servierschüssel geben und sofort servieren.

20. Wolfsbarschfilets in süß-saurer Sauce

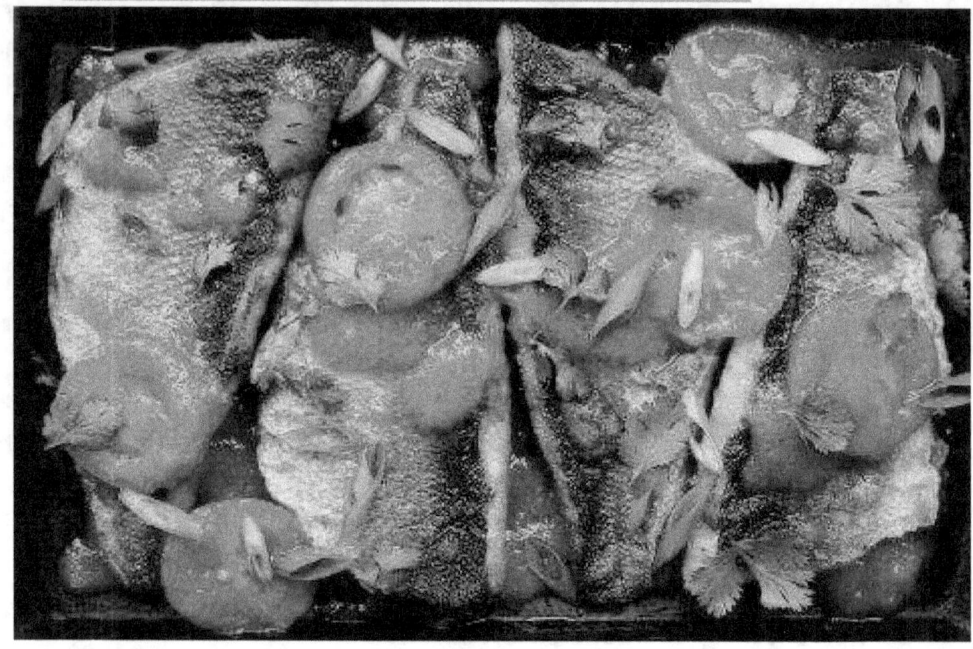

ZUTATEN:

- 1 Teelöffel gemahlener Kurkuma
- 4 Wolfsbarschfilets, je 150–200 g, gereinigt und eingeschnitten
- Feines Meersalz
- 100 ml Pflanzenöl
- 200 ml Tomatenketchup
- 2 Esslöffel weißer Zucker
- 2 mittelgroße Tomaten, in 1 cm dicke Scheiben geschnitten
- 1 Frühlingszwiebel, in 1 cm dicke Scheiben geschnitten
- 2 Zweige frischer Koriander, Blätter abgezupft

FÜR DIE PASTE:

- 1 Schalotte
- 2,5 cm frischer Ingwer
- 5 Knoblauchzehen
- 6 frische rote Chilischoten, entkernt

ANWEISUNGEN:

a) Die Zutaten der Paste zusammen mit einem Schuss Wasser mit einer Küchenmaschine oder einem Stabmixer pürieren, bis eine glatte Masse entsteht. Die Fischfilets mit Kurkuma einreiben und mit Salz bestreuen.

b) Eine große Bratpfanne bei mittlerer Hitze erhitzen. Geben Sie das Öl hinzu und braten Sie den Fisch jeweils zu zweit auf jeder Seite drei Minuten lang an, bis er knusprig ist. Auf einer Servierplatte verteilen und beiseite stellen.

c) Mit dem in der Pfanne verbliebenen Öl die Paste 2 Minuten lang anbraten, bis sie duftet. Ketchup, Zucker und 1 Teelöffel Salz zusammen mit 100 ml Wasser hinzufügen und 1 Minute kochen lassen, dann die Tomaten hinzufügen und noch 1 Minute kochen lassen.

d) Die Soße über die Fischfilets gießen und mit Frühlingszwiebeln und Koriander garnieren. Sofort mit Jasminreis servieren.

21. Gedämpfter Wildbarsch mit Zitronengras und Ingwer

ZUTATEN:
- 4 Knoblauchzehen
- Chilischoten aus der Vogelperspektive
- 1 Teelöffel feines Meersalz
- 1 ganzer wilder Wolfsbarsch, etwa 300–400 g, ausgenommen und entschuppt

FÜR DAS DRESSING:
- 1 Esslöffel Austernsauce
- 1 Esslöffel Fischsauce
- 3 Esslöffel Limettensaft
- ½ Teelöffel brauner Zucker
- 5 cm frischer Ingwer, in Julienne geschnitten
- 2 Stängel Zitronengras, in dünne Scheiben geschnitten
- 6 Kaffernlimettenblätter (oder Schalenstreifen von 2 Limetten)

ZUM GARNIEREN:
- 6 Zweige frischer Koriander, Blätter abgezupft und grob gehackt
- 1 rote Chilischote , in dünne Scheiben geschnitten
- 1 Frühlingszwiebel, in Julienne geschnitten und 15 Minuten in Wasser eingeweicht

ANWEISUNGEN:

a) Den Knoblauch und die Chilis mit einem Stößel und Mörser zu einer groben Paste zerstoßen. Geben Sie die Paste mit den Dressingzutaten und 200 ml Wasser in eine Schüssel und vermischen Sie alles gründlich.

b) Stellen Sie einen Dampfgarer auf oder stellen Sie einen Rost in einen Wok oder eine tiefe Pfanne mit Deckel. 5 cm Wasser einfüllen und bei starker Hitze zum Kochen bringen.

c) Reiben Sie den Fisch mit Salz ein, legen Sie ihn dann in eine tiefe Schüssel oder Kuchenform, geben Sie ihn in den Dampfgarer und dämpfen Sie ihn 10 Minuten lang. Den Deckel öffnen und das Dressing einfüllen, dann den Deckel wieder aufsetzen und 10–12 Minuten dämpfen, bis der Fisch gar ist.

d) 4Mit Koriander, Chili und Frühlingszwiebeln garnieren und sofort servieren.

22. Garnelen und Spinat unter Rühren anbraten

ZUTATEN:
- 400 g Spinat (oder Winde, wenn Sie ihn finden können)
- 1 Teelöffel Garnelenpaste, trocken geröstet (oder 2 Esslöffel Fischsauce)
- 5 Knoblauchzehen
- 2 Esslöffel Pflanzenöl
- 1 rote Chilischote, in 0,5 cm dicke Scheiben geschnitten
- 300 g rohe Garnelen, geschält
- 1 Esslöffel helle Sojasauce
- 3 Esslöffel Chilipaste, fertig im Glas oder selbstgemacht

ANWEISUNGEN:

a) Teilen Sie die Stängel der Prunkwinde in zwei Hälften und schneiden Sie sie in etwa 10 cm lange Stücke. Spülen Sie sie mit Wasser ab.

b) Mischen Sie die Garnelenpaste mit 50 ml Wasser in einer kleinen Schüssel, bis eine glatte Masse entsteht. Den Knoblauch mit einem Stößel und Mörser fein zerstoßen.

c) Erhitzen Sie das Öl in einem Wok oder einer großen Bratpfanne bei starker Hitze. Den zerstoßenen Knoblauch und die Chili hinzufügen und anbraten, bis es duftet und goldbraun ist. Geben Sie die Garnelen und die Sojasauce hinzu und kochen Sie, bis die Garnelen anfangen, sich rosa zu färben, aber noch nicht ganz gar sind.

d) Die Chilipaste, die Prunkwinde und die Garnelenpastenmischung dazugeben, gut umrühren und mit einem Deckel abdecken. 2 Minuten kochen lassen, dann den Deckel abnehmen und gut umrühren. Das Gemüse sollte inzwischen welk sein. Nochmals umrühren, dann den Herd ausschalten und sofort servieren.

23. Garnelen-Curry mit gegrillter Ananas

ZUTATEN:
- 300 g Ananas, grob in Stücke geschnitten
- 3 Esslöffel Pflanzenöl
- 1 mittelgroße Zwiebel, grob gewürfelt
- 3 Knoblauchzehen, fein gehackt
- 2 Zweige Curryblätter, Blätter gepflückt (oder 3 Lorbeerblätter)
- 1 Sternanis
- 1 Zimt
- 1 Esslöffel Tamarindenpaste (oder Zitronen- oder Limettensaft)
- 1 Teelöffel feines Meersalz
- 400 g rohe Riesengarnelen, geschält
- 200 ml Kokosmilch

die **GEMAHLENE GEWÜRZMISCHUNG**
- 1½ Esslöffel gemahlener Koriander
- 2 Teelöffel gemahlener Fenchel
- 1 Teelöffel gemahlener Kreuzkümmel
- 1 Teelöffel gemahlener Kurkuma
- 2 Teelöffel Chilipulver

ANWEISUNGEN:
a) Die Zutaten der Gewürzmischung in einer Schüssel mit 100 ml Wasser vermischen und beiseite stellen.

b) Heizen Sie eine Grillpfanne oder eine mittelgroße Bratpfanne bei starker Hitze vor und grillen Sie die Ananas in zwei oder drei Portionen jeweils 2 Minuten lang auf jeder Seite, bis sie schön verkohlt und braun ist. Beiseite legen.

c) Einen Topf bei mittlerer Hitze erhitzen. Fügen Sie das Öl hinzu und braten Sie dann die Zwiebel und den Knoblauch an, bis sie duften und goldbraun sind. Curryblätter, Sternanis und Zimt hinzufügen und 1 Minute kochen lassen. Gewürzmischung, Tamarinde und Salz hinzufügen, die Hitze auf niedrige Stufe stellen und 2 Minuten kochen lassen.

d) Nun die Garnelen, Kokosmilch und 100 ml Wasser hinzufügen und 2 Minuten kochen lassen, oder bis die Garnelen rosa geworden sind. Zum Schluss die Ananas dazugeben und noch 1 Minute kochen lassen. Mit Jasminreis servieren.

24. Würzig gebackener Schellfisch

ZUTATEN:
- 4 Stück Bananenblatt, 25 × 25 cm (oder Backpapier)
- 3 Esslöffel Pflanzenöl
- 4 Schellfischfilets, jeweils etwa 200–250 g
- 2 Zitronen, in 8 Scheiben geschnitten
- 4 Kaffernlimettenblätter, in dünne Scheiben geschnitten (oder Schalenstreifen von 2 Limetten)
- 4 Zweige frischer Koriander, Blätter abgezupft

FÜR DIE PASTE:
- 3 Schalotten
- 3 Knoblauchzehen
- 8 getrocknete Chilis , 10 Minuten in kochendem Wasser eingeweicht
- 2 Stängel Zitronengras (nur die untere Hälfte verwenden)
- 2,5 cm frischer Galgant (oder Ingwer)
- 3 Macadamianüsse
- 4 Teelöffel Ingwerblütenpüree (oder Zitronengraspüree)
- 1 Teelöffel Garnelenpaste, trocken geröstet (oder 2 Esslöffel Fischsauce)
- 1 Teelöffel feines Meersalz

ANWEISUNGEN:

a) Den Backofen auf 200 °C/Umluft 180 °C/Gas Stufe 6 vorheizen.

b) Reinigen Sie die Bananenblätter, falls Sie sie verwenden, und machen Sie sie dann weich, indem Sie sie einige Sekunden lang auf eine kleine Flamme oder über den Dampf eines Wasserkochers stellen. Das Blatt wird dunkel, wird weicher und lässt sich leichter einwickeln.

c) Mit einer Küchenmaschine oder einem Stabmixer die Zutaten der Paste pürieren, bis eine glatte Masse entsteht. Erhitzen Sie das Öl in einem mittelgroßen Topf bei schwacher Hitze, kochen Sie die Paste 4 Minuten lang und schalten Sie dann den Herd aus. Legen Sie ein Fischfilet in die Mitte jedes Bananenblattes und reiben Sie es mit einem Viertel der Paste ein.

d) Auf jede Seite eine Zitronenscheibe legen und mit den Limettenblättern und Korianderblättern bestreuen. Falten Sie die Bananenblätter (falls verwendet) darüber und wickeln Sie den Fisch zu einem Päckchen ein. Legen Sie ihn dann auf ein 30 × 30 cm großes Stück Aluminiumfolie und wickeln Sie es fest ein, wobei beide Enden gesichert sind. Mit den restlichen Fischfilets wiederholen.

e) Auf ein Backblech legen und 20 Minuten backen. Sofort servieren.

25. Scharf-saurer Seeteufel-Eintopf

ZUTATEN:
- 3 Esslöffel Pflanzenöl
- 2 Stängel Zitronengras, gequetscht
- 1½ Esslöffel Ingwerblütenpüree (oder Zitronengraspüree)
- 1 Teelöffel feines Meersalz
- 1 Teelöffel brauner Zucker
- 3 Esslöffel Tamarindenpaste (oder Zitronen- oder Limettensaft)
- 800 g Seeteufel, grob in kleine Stücke geschnitten
- 10 kleine Okraschoten, beide Enden beschnitten
- 10 Kirschtomaten
- 4 Zweige vietnamesischer Koriander (oder Minze oder Thai-Basilikum), Blätter gepflückt

FÜR DIE PASTE:
- 10 getrocknete Chilischoten, 10 Minuten in kochendem Wasser eingeweicht
- 1 mittelgroße Zwiebel
- 1 Schalotte
- 3 Knoblauchzehen
- 5 cm frische Kurkuma (oder 2 Teelöffel gemahlene Kurkuma)
- 2,5 cm frischer Ingwer
- ½ Esslöffel Garnelenpaste, trocken geröstet (oder 2 Esslöffel Fischsauce)

ANWEISUNGEN:
a) Mit einer Küchenmaschine oder einem Stabmixer die Zutaten der Paste pürieren, bis eine glatte Masse entsteht.
b) Einen Topf bei mittlerer Hitze vorheizen. Fügen Sie das Öl hinzu und kochen Sie das Zitronengras- und Ingwerblütenpüree, bis es duftet. Fügen Sie die Paste hinzu, reduzieren Sie dann die Hitze auf eine niedrige Stufe und kochen Sie sie 2 Minuten lang unter gelegentlichem Rühren.
c) Salz, Zucker und Tamarinde hinzufügen und 1 Minute kochen lassen. Seeteufel, Okra, Tomaten und vietnamesischen Koriander hinzufügen.
d) Rühren Sie die Zutaten vorsichtig um, sodass die Paste den Fisch umhüllt und versiegelt. 800 ml Wasser hinzufügen, zum Kochen bringen, dann die Hitze auf niedrig stellen und 2 Minuten köcheln lassen, oder bis der Fisch gar ist.
e) Sofort servieren.

26.Tintenfisch-Chili-Sambal

ZUTATEN:
- 4 Esslöffel Pflanzenöl
- 3 Schalotten, fein gehackt
- 3 Knoblauchzehen, fein gehackt
- 2,5 cm frischer Ingwer, fein gehackt
- 6 EL Chilipaste , fertig aus dem Glas oder selbstgemacht
- 1 Esslöffel brauner Zucker
- ½ Teelöffel feines Meersalz
- 2 Esslöffel Tamarindenpaste (oder Zitronen- oder Limettensaft)
- 1 Teelöffel Garnelenpaste, trocken geröstet (oder 2 Esslöffel Fischsauce)
- 500 g Tintenfischröhren aufschneiden, kreuzweise einschneiden und in Stücke schneiden
- 8 Kirschtomaten
- 1 mittelgroße rote Zwiebel, in dünne Ringe geschnitten

ANWEISUNGEN:

a) Einen Wok oder eine große Bratpfanne bei mittlerer Hitze erhitzen. Das Öl hinzufügen und die Schalotten, den Knoblauch und den Ingwer anbraten, bis sie duften und goldbraun sind. Chilipaste , Zucker, Salz, Tamarinde und Garnelenpaste hinzufügen , dann die Hitze reduzieren und 3 Minuten köcheln lassen, bis sich das Öl trennt.

b) Den Tintenfisch, die Tomaten, die roten Zwiebeln und 100 ml Wasser hinzufügen und 2 Minuten kochen lassen, bis sich der Tintenfisch zusammengerollt hat und das Gemüse zusammengefallen ist.

c) Die Mischung auf einer Platte anrichten und mit Jasminreis oder Kokosreis servieren.

27. Krabbenpfanne mit schwarzem Pfeffer

ZUTATEN:

- 2 große braune Krabben, jeweils etwa 400–500 g
- 2 Esslöffel Erdnussöl
- 3 Knoblauchzehen, fein gehackt
- 1,5 cm frischer Ingwer, fein gehackt
- 1 Esslöffel Chilipaste , fertig aus dem Glas oder selbstgemacht
- 1 Esslöffel schwarze Pfefferkörner, grob gemahlen
- 1 Esslöffel gesalzene und eingelegte Sojabohnen (optional)
- 1 Esslöffel süße Sojasauce
- 2 Esslöffel Austernsauce
- ½ Teelöffel feines Meersalz
- 200 ml kochendes Wasser

ANWEISUNGEN:

a) Wenn die Krabben noch am Leben sind, legen Sie sie für 30 Minuten in den Gefrierschrank, um sie in den Komazustand zu versetzen, und tauchen Sie sie dann für etwa 15 Minuten in kochendes Wasser. Dies ist eine humanere Methode, als sie völlig wach zu halten. Nach dem Blanchieren die Schalen und Scheren entfernen und die Krabben halbieren. Behalten Sie die Krallen und werfen Sie die Schalen weg.

b) Einen Wok oder eine große tiefe Bratpfanne bei starker Hitze erhitzen. Das Öl hinzufügen und Knoblauch und Ingwer goldbraun anbraten. Chilipaste , schwarzen Pfeffer, Sojabohnen, Sojasauce, Austernsauce, Krabben und Salz hinzufügen und 2 Minuten kochen lassen, bis die Krabben anfangen, ihre Farbe zu ändern .

c) 200 ml kochendes Wasser hineingießen, dann den Wok oder die Bratpfanne mit einem Deckel abdecken, die Hitze auf mittlere Stufe reduzieren und 5 Minuten kochen lassen, dabei gelegentlich den Deckel abnehmen, um gut umzurühren. Die Krabben sollten fertig sein und die Soße sollte eingedickt sein. Auf einer Platte anrichten und servieren.

28.Buttergarnelen unter Rühren anbraten

ZUTATEN:
ZUM GARNIEREN
- 1 Esslöffel Pflanzenöl
- 3 Knoblauchzehen, fein gehackt
- 1 grüne Chilischote, in dünne Scheiben geschnitten
- 4 Zweige Curryblätter, Blätter gezupft (oder 6 Lorbeerblätter)
- 450 g rohe Riesengarnelen, geschält
- 2 Esslöffel Kondensmilch
- ½ Teelöffel feines Meersalz
- ½ Teelöffel Sesamöl
- Für die Eierseide
- 8 Eigelb
- ¼ Teelöffel feines Meersalz
- ½ Teelöffel weißer Zucker
- 150 g ungesalzene Butter, geschmolzen
- ¼ Teelöffel gemahlener weißer Pfeffer

ANWEISUNGEN:

a) Um die Eierwatte zuzubereiten, verquirlen Sie Eigelb, Salz und Zucker in einer Schüssel. Einen Wok oder eine tiefe mittelgroße Bratpfanne bei starker Hitze erhitzen.

b) Fügen Sie die Butter hinzu, gießen Sie dann langsam das Ei hinein und rühren Sie dabei ständig um, bis eine cremige Konsistenz entsteht. Wenn die Eier auf die Butter treffen, rühren Sie sie um. Dadurch wird verhindert, dass die Eier verklumpen und sich Fäden aus Eierseide bilden. Rühren Sie weiter, bis die Eierwatte goldbraun wird. Die überschüssige Butter herausschöpfen und abseihen.

c) Mit Zucker, Meersalz und weißem Pfeffer bestreuen und gut vermischen. Beiseite legen.

d) Stellen Sie den Wok oder die Bratpfanne wieder auf mittlere Hitze. Geben Sie das Öl hinzu und braten Sie Knoblauch, Chili und Curryblätter einige Sekunden lang an. Geben Sie sofort die Garnelen, die Kondensmilch und das Salz hinzu und braten Sie alles 2 Minuten lang an, bis die Garnelen rosa werden und gar sind.

e) Fügen Sie das Sesamöl hinzu, rühren Sie alles gut um und geben Sie es dann auf eine Platte. Die Garnelen mit der Eierseide belegen und sofort servieren.

29. Traditionelles Fischcurry

ZUTATEN:
ZUM GARNIEREN
- 6 Esslöffel Pflanzenöl
- 2 Zweige Curryblätter, Blätter gezupft (oder 3 Lorbeerblätter)
- 1 Teelöffel Halba Campur (siehe oben)
- 2 Esslöffel Tamarindenpaste (oder Zitronen- oder Limettensaft)
- 1½ Teelöffel feines Meersalz
- 800 g Lachsfilets, in 4 cm breite Streifen geschnitten
- 50 ml Kokosmilch
- 6 Okraschoten, diagonal in zwei Hälften geschnitten
- 8 Kirschtomaten
- 2 Esslöffel fein gehackter Koriander zum Garnieren

FÜR DIE GEMAHLENEN GEWÜRZE:
- 2 Esslöffel Koriandersamen
- 1 Teelöffel Fenchelsamen
- ½ Teelöffel Kreuzkümmelsamen
- ½ Teelöffel Bockshornkleesamen
- 1 Teelöffel schwarze Pfefferkörner
- 5 cm Zimt
- 1 Sternanis

FÜR DIE PASTE:
- 3 Schalotten
- 8 getrocknete Chilis, 10 Minuten in kochendem Wasser eingeweicht
- 4 Knoblauchzehen
- 2,5 cm frischer Ingwer
- 5 cm frische Kurkuma (oder 2 Teelöffel gemahlene Kurkuma)

ANWEISUNGEN:

a) Die Zutaten für die gemahlenen Gewürze in einer trockenen Bratpfanne 1 Minute rösten, bis sie duften, dann die Mischung mit einer Gewürzmühle fein mahlen. Die Zutaten der Paste mit einem Schuss Wasser in einer Küchenmaschine glatt rühren, dann in eine Schüssel geben und gründlich mit den gemahlenen Gewürzen vermischen.

b) Einen großen Topf bei mittlerer Hitze erhitzen und das Öl hinzufügen. Die Curryblätter 10 Sekunden lang anbraten, bis sie duften, dann die Gewürzmischung und Halba hinzufügen Campur und kochen, bis sich das Öl trennt. Tamarinde und Salz hinzufügen und 1 Minute kochen lassen.

c) Den Fisch zusammen mit 100 ml Wasser hinzufügen und 2 Minuten kochen lassen, bis die Fischstücke versiegelt sind. Kokosmilch, Okraschoten und Kirschtomaten mit weiteren 300 ml Wasser hinzufügen, zum Kochen bringen und weitere 2 Minuten kochen, bis das Gemüse zusammengefallen ist.

d) Den Fisch mit einer Gabel durchschneiden, um zu prüfen, ob er gar ist, dann in eine Servierschüssel geben, mit Koriander garnieren und mit Reis servieren.

30. Scharfe Tintenfischpfanne

ZUTATEN:
- 2 Esslöffel Pflanzenöl
- 3 Knoblauchzehen, in dünne Scheiben geschnitten
- 2,5 cm frischer Ingwer, julieniert
- 2 Stängel Zitronengras, gequetscht
- 4 Kaffernlimettenblätter (oder Schalenstreifen von 2 Limetten)
- Chilischoten aus der Vogelperspektive
- 1 rote Chilischote, dünn und schräg geschnitten
- 1 mittelgroße Zwiebel, in dünne Scheiben geschnitten
- 500–600 g Tintenfischröhren, gereinigt und eingeschnitten
- 1 Esslöffel Austernsauce
- 1 Esslöffel helle Sojasauce
- 1 Esslöffel Fischsauce
- 1 Teelöffel brauner Zucker

ANWEISUNGEN:

a) Einen Wok oder eine große Bratpfanne bei starker Hitze erhitzen. Das Öl hinzufügen und Knoblauch, Ingwer und Zitronengras anbraten, bis es duftet. Die Kaffernlimettenblätter, alle Chilischoten und die Zwiebel dazugeben und 30 Sekunden braten, bis die Zwiebel leicht zusammenfällt.

b) Nun den Tintenfisch, alle Soßen und den Zucker dazugeben und 1–2 Minuten weiterbraten, bis sich die Tintenfischstücke zusammengerollt haben. Auf eine Platte geben und sofort servieren.

31. Gebratene Garnelen und Saubohnen

ZUTATEN:
- 3 Schalotten
- 2,5 cm frischer Ingwer
- 3 Knoblauchzehen
- 6 Esslöffel Pflanzenöl
- 8 EL Chilipaste , fertig aus dem Glas oder selbstgemacht
- 1½ Esslöffel brauner Zucker
- 1 Teelöffel feines Meersalz
- 2 Esslöffel Tamarindenpaste (oder Zitronen- oder Limettensaft)
- 1 Teelöffel Garnelenpaste, trocken geröstet (oder 2 Esslöffel Fischsauce)
- 600 g rohe Riesengarnelen, geschält
- 100 g Saubohnen (oder Bitterbohnen), 2 Minuten in kochendem Wasser blanchiert

ANWEISUNGEN:
a) Schalotten, Ingwer und Knoblauch mit einer Küchenmaschine oder einem Stabmixer pürieren, bis eine glatte Masse entsteht. Erhitzen Sie das Öl in einem Wok oder einer großen Bratpfanne bei mittlerer Hitze und braten Sie die Mischung an, bis sie duftet und goldbraun ist.
b) Chilipaste , Zucker, Salz, Tamarinde und Garnelenpaste hinzufügen , dann die Hitze reduzieren und 3 Minuten köcheln lassen, bis sich das Öl trennt.
c) Garnelen, bittere Bohnen und 100 ml Wasser hinzufügen und 4 Minuten kochen lassen, bis die Garnelen rosa geworden und gar sind. Weitere 200 ml Wasser hinzufügen und eine weitere Minute kochen lassen, dann den Herd ausschalten.
d) Auf eine Platte geben und sofort servieren.

32.Rührei mit Austern

ZUTATEN:
- 12 Austern, geschält
- 2 Esslöffel Pflanzenöl
- 2 Esslöffel helle Sojasauce
- 3 Knoblauchzehen, fein gehackt
- 1 Frühlingszwiebel, in 0,5 cm dicke Scheiben geschnitten
- Eine Prise weißer Pfeffer
- Für den Eierteig
- 4 Esslöffel Mehl
- 4 Esslöffel Maisstärke
- ½ Teelöffel feines Meersalz
- 2 Eier
- Zur Zubereitung der Austern
- 2 Esslöffel Mehl
- 1 Esslöffel weißer Essig (z. B. Reisessig)

ANWEISUNGEN:

a) Um Sand oder Splitt von den Austern zu entfernen, bestreichen Sie sie mit zwei Esslöffeln Mehl und lassen Sie sie zwei Minuten lang stehen, bevor Sie sie mit kaltem Wasser waschen.

b) Um die Austern prall und saftig zu machen, bringen Sie 500 ml Wasser in einem Topf zum Kochen und fügen Sie den weißen Essig hinzu. Die Austern dazugeben und 1 Minute blanchieren. Nehmen Sie sie mit einem Schaumlöffel heraus und legen Sie sie dann in eine kleine Schüssel mit eiskaltem Wasser, damit sie nicht weiter kochen. Beiseite legen.

c) Für den Teig Mehl, Speisestärke und Salz mit 100 ml Wasser in eine Schüssel geben und glatt rühren. Die Eier dazugeben und gründlich vermischen. 1 Esslöffel Öl in einer Bratpfanne mit 25 cm Durchmesser erhitzen. Die Teigmischung einfüllen und mit 1 Esslöffel Sojasauce bestreuen.

d) Kochen Sie den Teig, bis er knusprig ist, drehen Sie ihn dann um und rühren Sie ihn mit zwei Holzlöffeln in kleinere Stücke. Schalten Sie den Herd aus, löffeln Sie dann den Rührteig heraus und legen Sie ihn auf einen Teller.

e) Erhitzen Sie die Pfanne erneut bei starker Hitze und geben Sie den restlichen Esslöffel Öl hinein. Den Knoblauch anbraten, bis er duftet und leicht goldbraun ist, dann die Austern und die Frühlingszwiebel hinzufügen und kochen, bis sie zusammenfallen.

f) Geben Sie den restlichen Esslöffel Sojasauce hinzu und rühren Sie vorsichtig um. Nehmen Sie dann einen Löffel heraus und geben Sie ihn zum Rührteig.

g) Vor dem Servieren eine Prise weißen Pfeffer darüber streuen.

33. Knusprig gebratene Dorade mit Kurkuma

ZUTATEN:

- 3 mittelgroße, ganze Doraden, je ca. 150–200 g, entkernt, entschuppt und eingeschnitten (oder Doradenfilets verwenden)
- 1 Esslöffel gemahlene Kurkuma
- 1 Teelöffel feines Meersalz
- ½ Esslöffel grob gemahlener schwarzer Pfeffer
- 6 Esslöffel Pflanzenöl

ANWEISUNGEN:

a) Spülen Sie den Fisch mit Wasser ab, reiben Sie ihn anschließend großzügig mit Kurkuma, Salz und schwarzem Pfeffer ein und lassen Sie ihn 10 Minuten lang marinieren.

b) Stellen Sie eine große Bratpfanne auf mittlere Hitze, geben Sie das Öl hinzu und braten Sie den Fisch 3 Minuten lang auf jeder Seite. Sofort servieren.

FLEISCH

34. Hühnchen in Sojasauce und Honig

ZUTATEN:
- 1 kg Hähnchenschenkelstücke ohne Knochen
- 2 Esslöffel gemahlene Kurkuma
- ½ Teelöffel feines Meersalz
- 6 Esslöffel Pflanzenöl
- 2 Schalotten, fein gehackt
- 3 Knoblauchzehen, fein gehackt
- 2,5 cm frischer Ingwer, fein gehackt
- 2 Esslöffel gemahlene Gewürzmischung für Fleisch, gemischt mit etwas Wasser
- 3 Esslöffel Honig
- 150 ml süße Sojasauce
- ½ Teelöffel feines Meersalz

DIE GEWÜRZE UND KRÄUTER
- 5 cm lange Zimtstange
- 1 Sternanis
- 4 Nelken
- 2 Kardamomkapseln
- 1 Pandanblatt, zu einem Knoten gebunden (oder 2 Lorbeerblätter)
- 2 Zweige Curryblätter, Blätter gezupft (oder 3 Lorbeerblätter)

ANWEISUNGEN:

a) Hähnchen, Kurkuma und Salz in eine Schüssel geben und 15 Minuten marinieren lassen.

b) Eine große Bratpfanne bei mittlerer Hitze erhitzen. Fügen Sie 4 Esslöffel Öl hinzu und braten Sie das Hähnchen auf jeder Seite 3 Minuten lang flach an, bis es goldbraun ist.

c) Einen Topf bei mittlerer Hitze erhitzen. Das restliche Öl hinzufügen und die Schalotten, den Knoblauch und den Ingwer anbraten, bis sie duften und goldbraun sind.

d) Gewürze und Kräuter dazugeben und 1 Minute anbraten. Die gemahlene Gewürzmischung hinzufügen und 2 Minuten kochen lassen, dann das Huhn, den Honig, die süße Sojasauce und das Salz zusammen mit 200 ml Wasser hinzufügen. Zum Kochen bringen, dann die Hitze reduzieren und 10 Minuten köcheln lassen, bis die Hähnchenteile durchgegart sind. Die Soße sollte reduziert und eingedickt werden.

e) In eine Servierschüssel geben und mit Reis servieren.

35. Malaiisches Hühnercurry

ZUTATEN:
- ½ mittelgroße Zwiebel
- 3 Knoblauchzehen
- 2,5 cm frischer Ingwer
- 3 Esslöffel gemahlene Gewürzmischung für Fleisch
- 4 Esslöffel Pflanzenöl
- 1 Sternanis
- 5 cm lange Zimtstange
- 1 Pandanblatt , zu einem lockeren Knoten zusammengebunden (oder 3 Lorbeerblätter)
- 2 Esslöffel Tamarindenpaste (oder Zitronen- oder Limettensaft)
- 1 Teelöffel feines Meersalz
- 400 g Hähnchenbrust ohne Knochen, in dünne Scheiben geschnitten
- 50 ml Kokosmilch

ANWEISUNGEN:

Zwiebel, Knoblauch und Ingwer in einer Küchenmaschine oder mit einem Stabmixer fein pürieren. Mischen Sie in einer Schüssel die gemahlene Gewürzmischung mit 100 ml Wasser.

Einen Topf bei mittlerer Hitze erhitzen und das Öl hinzufügen. Die gemahlenen Zutaten goldbraun anbraten, dann Sternanis, Zimt und Pandanblatt hinzufügen . 30 Sekunden braten, dann die gemahlene Gewürzmischung, Tamarinde und Salz hinzufügen und 2–3 Minuten kochen lassen, bis sich das Öl trennt.

Die Hähnchenteile zusammen mit 150 ml Wasser hinzufügen und köcheln lassen, bis das Hähnchen gar ist. Zum Schluss die Kokosmilch dazugeben und aufkochen. In eine Schüssel füllen und mit Reis servieren.

36. Scharf-saurer Rindereintopf

ZUTATEN:
- 400 g Rinderfilet, in dünne Scheiben geschnitten
- 1 Schalotte, in dünne Scheiben geschnitten
- 2 Knoblauchzehen, in dünne Scheiben geschnitten
- 2,5 cm frischer Ingwer, in dünne Scheiben geschnitten
- 2,5 cm frischer Galgant (oder zusätzlicher Ingwer), in dünne Scheiben geschnitten
- ½ Teelöffel gemahlener Kurkuma
- 2 Stängel Zitronengras (nur die untere Hälfte verwenden), gequetscht
- ½ Esslöffel Koriandersamen, grob gemahlen
- Chilischoten aus der Vogelperspektive, gequetscht
- 2 Esslöffel Tamarindenpaste (oder Zitronen- oder Limettensaft)
- ½ Teelöffel Garnelenpaste, trocken geröstet (oder 2 Esslöffel Fischsauce)
- 1 Teelöffel feines Meersalz
- 10 Kirschtomaten

ZUM GARNIEREN:
- 2 Esslöffel fertig gebratene Schalotten
- 1 Frühlingszwiebel, in 5 cm breite Streifen geschnitten
- 6 Zweige frischer Koriander
- ½ Teelöffel Chiliflocken

ANWEISUNGEN:

a) Alle Zutaten außer den Kirschtomaten und der Garnitur in einen Topf geben und 1,2 Liter Wasser hinzufügen. Zum Kochen bringen, dann die Hitze reduzieren und ohne Deckel 30 Minuten köcheln lassen, bis das Rindfleisch zart ist.

b) Die Kirschtomaten hinzufügen und 2 Minuten kochen lassen, bis sie weich werden. Den Herd ausschalten und mit gebratenen Schalotten, Frühlingszwiebeln, Korianderblättern und Chiliflocken garnieren.

37. Chinesischer Hühner-Kräuter-Eintopf

ZUTATEN:
- 1,2 kg Hähnchenschenkel, mit Knochen
- 8 Knoblauchzehen, zerdrückt
- 1 Esslöffel dunkle Sojasauce
- 2 Esslöffel helle Sojasauce
- 1 Esslöffel Austernsauce
- 8 Stück fertig gebratener schwammiger Tofu, halbiert
- 80 g getrocknete Tofustangen , 1 Stunde in kaltem Wasser eingeweicht und in 5 cm große Stücke geschnitten
- 4 Zweige frischer Koriander, fein gehackt, zum Garnieren
- 1 Frühlingszwiebel, in 0,5 cm dicke Scheiben geschnitten, zum Garnieren

GEWÜRZE (ODER VERWENDEN SIE EINE 70G FERTIGGEMACHTE BAK KUT TEH GEWÜRZPACKUNG)
- 1 Teelöffel weiße Pfefferkörner, leicht zerstoßen
- 1 Sternanis
- 1 Zimtstange
- 1 Teelöffel Fenchelsamen
- 4 Scheiben getrocknete Süßholzwurzel (gan chao)
- 3 Scheiben getrocknete Astragaluswurzel (Huang Qi)
- 4 Scheiben getrocknete Angelikawurzel (Dong Quai)
- 4 getrocknete Pflaumenblütenwurzeln (Dang Shen)

ANWEISUNGEN:

a) In einen großen Topf das Huhn, den Knoblauch, die Sojasauce, die Austernsauce und die Gewürze geben und in ein Stück Musselin binden. 2 Liter Wasser hinzufügen, zum Kochen bringen, dann die Hitze reduzieren und 1 Stunde köcheln lassen.

b) Den gebratenen, schwammigen Tofu und die Tofustangen dazugeben und weitere 15 Minuten köcheln lassen. In Schüsseln füllen und mit Koriander und Frühlingszwiebeln garniert servieren.

38. Gebratene Hühnerleber und feine grüne Bohnen

ZUTATEN:

- 500 g Hühnerleber, in 4 cm große Stücke geschnitten
- 2 grüne Chilischoten , entkernt und zerstoßen
- 2 cm frischer Kurkuma, zerstoßen (oder 1 Teelöffel gemahlener Kurkuma)
- ½ Esslöffel gemahlener Koriander
- ½ Teelöffel gemahlener Kreuzkümmel
- ½ Teelöffel gemahlener Fenchel
- 1 grüne Kardamomkapsel, ganze Schote fein zerstoßen
- 100 ml Kokosmilch
- ½ Teelöffel feines Meersalz
- 400 g feine grüne Bohnen, schräg in 4 cm große Stücke geschnitten

ANWEISUNGEN:

a) Hühnerleber, Chili , Kurkuma und gemahlene Gewürze in eine Schüssel geben und 5 Minuten marinieren lassen.

b) Einen mittelgroßen Topf bei mittlerer Hitze erhitzen und die marinierten Zutaten, Kokosmilch und Salz sowie 200 ml Wasser hinzufügen.

c) Zum Kochen bringen, dann die Hitze reduzieren und 5 Minuten köcheln lassen, bis die Sauce auf die Hälfte eingekocht ist und die Lebern gar sind. Die Bohnen hinzufügen und 1 Minute kochen lassen, bis sie leicht zusammenfallen.

d) Auf eine Platte geben und sofort servieren.

39.Gegrilltes Steak

ZUTATEN:

- 2 Esslöffel Koriandersamen
- 1 Esslöffel Kreuzkümmelsamen
- 1 Esslöffel weiße Pfefferkörner
- 4 Rindersteaks, je ca. 150g
- 1½ Teelöffel feines Meersalz

ANWEISUNGEN:

a) Koriander, Kreuzkümmel und Pfefferkörner in einen Mörser geben und mit einem Stößel zerstoßen, so dass eine leicht grobe Masse entsteht. In eine große Schüssel umfüllen.

b) Das Rindfleisch und das Salz in die Schüssel geben und 30 Minuten marinieren lassen.

c) Das Rindfleisch auf jeder Seite 5 Minuten grillen. Je nachdem, wie Sie Ihr Rindfleisch am liebsten zubereiten möchten, grillen Sie es dann noch etwa zwei Minuten auf jeder Seite – so erhalten Sie medium rares Rindfleisch (wie ich es mag). Wenn Sie möchten, können Sie das Rindfleisch auch in einer robusten Bratpfanne mit dickem Boden zubereiten. Lassen Sie die Pfanne richtig heiß werden – dadurch erhält Ihr Rindfleisch einen leicht verkohlten, süßen Abgang.

d) Das gegarte Rindfleisch auf eine Platte geben, mit Alufolie abdecken (oder, um es rustikaler zu machen, mit einem Bananenblatt) und 5 Minuten ruhen lassen, dann in 2 cm dicke Streifen schneiden und mit Tamarinden-Dip mit Tomaten- und Zwiebelwürfeln servieren.

40.Reichhaltiges Lamm-Curry

ZUTATEN:
- 8 Esslöffel Pflanzenöl
- 5 cm lange Zimtstange
- 2 Sternanis
- 4 grüne Kardamomkapseln
- 1 Stängel Zitronengras, gequetscht
- 2 Pandanblätter, zu einem Knoten zusammengebunden (oder 4 Lorbeerblätter)
- 2 Esslöffel Tamarindenpaste (oder Zitronen- oder Limettensaft)
- 1 Esslöffel brauner Zucker
- 1½ Teelöffel feines Meersalz
- 1 kg Lammkeule ohne Knochen, in 4 cm große Stücke geschnitten
- 200 ml Kokosmilch
- 3 Esslöffel Kerisik (geröstete Kokosnuss)

FÜR DIE GEMAHLENEN GEWÜRZE:
- 5 Esslöffel gemahlene Gewürzmischung für aromatischen Rindfleischreis und reichhaltiges Lammcurry

FÜR DIE PASTE:
- 3 Schalotten
- 10 getrocknete Chilischoten, 10 Minuten in kochendem Wasser eingeweicht
- 4 Knoblauchzehen
- 5 cm frischer Ingwer
- 5 cm frischer Galgant (oder zusätzlicher Ingwer)
- 5 cm frische Kurkuma (oder 2 Teelöffel gemahlene Kurkuma)
- 1 mittelgroße Zwiebel
- 3 Stängel Zitronengras
- 1 Teelöffel Garnelenpaste, trocken geröstet (oder 2 Esslöffel Fischsauce)

ANWEISUNGEN:

a) Die Zutaten der Paste in einer Küchenmaschine mit einem Schuss Wasser glatt rühren. In eine Schüssel geben und gründlich mit der gemahlenen Gewürzmischung vermischen.

b) Einen großen Topf bei mittlerer Hitze erhitzen und das Öl hinzufügen. Zimt, Sternanis, Kardamomkapseln, Zitronengras und Pandanblätter 2 Minuten anbraten, bis ein angenehmer Duft entsteht. Die Gewürze werden das Öl durchdringen. Gewürzpastenmischung, Tamarinde, Zucker und Salz hinzufügen und 2–3 Minuten anbraten, bis sich das Öl trennt.

c) Das Lamm dazugeben und gut umrühren, sodass die Gewürze das Fleisch umhüllen. Nun die Kokosmilch zusammen mit 300 ml Wasser hinzufügen und zum Kochen bringen, dann die Hitze reduzieren und 30 Minuten köcheln lassen, bis die Sauce eingedickt und eingedickt ist.

d) Kerisik dazugeben und gut umrühren, dann den Herd ausschalten und in eine Servierschüssel geben. Mit Naturreis oder gedämpftem Klebreis servieren.

41. Nyonya Kapitan Chicken Curry

ZUTATEN:
- 6 Esslöffel Pflanzenöl
- 1 Stängel Zitronengras, gequetscht
- 1½ Teelöffel feines Meersalz
- ½ Esslöffel brauner Zucker
- 800 g Hähnchenschenkel ohne Knochen
- 100 ml Kokosmilch
- 3 Esslöffel Kerisik (geröstete Kokosnuss)
- 6 Kaffernlimettenblätter, in dünne Scheiben geschnitten (oder Schalenstreifen von 2 Limetten)
- 1½ Esslöffel Limettensaft

FÜR DIE GEWÜRZMISCHUNG
- 2 Esslöffel Koriandersamen
- ½ Teelöffel gemahlene Muskatnuss
- 2 Teelöffel Kreuzkümmelsamen
- ½ Teelöffel Bockshornkleesamen
- 5 cm lange Zimtstange

FÜR DIE PASTE:
- 3 Schalotten
- 5 Knoblauchzehen
- 5 cm frische Kurkuma (oder 2 Teelöffel gemahlene Kurkuma)
- 2,5 cm frischer Ingwer
- 2,5 cm frischer Galgant (oder zusätzlicher Ingwer)
- ½ mittelgroße Zwiebel
- 8 getrocknete Chilis, 10 Minuten in kochendem Wasser eingeweicht
- 2 Stängel Zitronengras
- 1 Teelöffel Garnelenpaste, trocken geröstet (oder 2 Esslöffel Fischsauce)
- 4 zerstoßene Macadamianüsse

ANWEISUNGEN:

a) Die Gewürzmischung in einer Bratpfanne bei mittlerer Hitze 1 Minute lang trocken rösten, dann in eine Gewürzmühle geben und fein mahlen.

b) Mit einer Küchenmaschine oder einem Stabmixer die Zutaten der Paste mit einem Schuss Wasser glatt rühren. In eine Schüssel geben und mit der gemahlenen Gewürzmischung gut vermischen.

c) Erhitzen Sie das Öl in einem Topf bei mittlerer Hitze und braten Sie das Zitronengras 1 Minute lang an, damit das Öl durchziehen kann. Fügen Sie die Paste und die Gewürzmischung hinzu und braten Sie sie 2 Minuten lang an, bis sich das Öl trennt. Salz, Zucker und Hühnchen hinzufügen und zum Verschließen 2 Minuten kochen lassen.

d) Die Kokosmilch zusammen mit 300 ml Wasser hinzufügen und zum Kochen bringen, dann die Hitze reduzieren und 10 Minuten köcheln lassen, dabei ein- oder zweimal umrühren, bis das Huhn gar ist.

e) Kerisik, Limettenblätter und Limettensaft hinzufügen und 2 Minuten kochen lassen, dann mit Jasminreis servieren.

42. Perak Beef Rendang

ZUTATEN:
- 6 Esslöffel Pflanzenöl
- 1 Stängel Zitronengras, gequetscht
- 4 grüne Kardamomkapseln
- 800g Rindfleisch (am besten Rumpfleisch)
- 100 ml Kokosmilch
- 1 Esslöffel dunkler Kokosnusszucker oder Melassezucker
- 1 Teelöffel feines Meersalz
- 4 Esslöffel Kerisik (geröstete Kokosnuss)
- 4 Kaffernlimettenblätter, zerdrückt (oder Schalenstreifen von 2 Limetten)

FÜR DIE GEMAHLENE GEWÜRZMISCHUNG
- 1 Esslöffel Fenchelsamen
- 2 Esslöffel Koriandersamen
- 1 Teelöffel Kreuzkümmelsamen
- 1 Teelöffel schwarze Pfefferkörner

FÜR DIE GEWÜRZPASTE
- 10 getrocknete Chilischoten , 10 Minuten in kochendem Wasser eingeweicht
- 3 Stängel Zitronengras
- 5 cm frischer Ingwer
- 5 cm frischer Galgant (oder zusätzlicher Ingwer)
- 5 cm frische Kurkuma (oder 2 Teelöffel gemahlene Kurkuma)
- 3 Knoblauchzehen
- 1 Teelöffel Garnelenpaste, trocken geröstet (oder 2 Esslöffel Fischsauce)
- ½ mittelgroße Zwiebel

ANWEISUNGEN:

a) Die Zutaten der Gewürzmischung in einer kleinen Pfanne trocken rösten, bis sie duften, dann die Samen mit einer Gewürzmühle zermahlen, bis ein feines Pulver entsteht. Die Zutaten der Paste in einer Küchenmaschine glatt rühren.

b) Die gemahlene Gewürzmischung und die Zutaten der Gewürzpaste in einer Schüssel zu einer Currypaste vermischen. Erhitzen Sie das Öl in einem großen Topf und braten Sie das Zitronengras und die Kardamomkapseln 30 Sekunden lang an, um das Öl durchzuziehen. Fügen Sie die Paste und die Gewürzmischung hinzu und braten Sie sie etwa 5 Minuten lang an, bis sich das Öl trennt.

c) Geben Sie das Rindfleisch, die Kokosmilch, den Zucker und das Salz zusammen mit 100 ml Wasser hinzu und rühren Sie alles gut um. Bei schwacher Hitze 45 Minuten köcheln lassen oder bis das Rindfleisch zart ist.

d) Kerisik und Limettenblätter dazugeben und 2 Minuten bei schwacher Hitze köcheln lassen. Mit gedünstetem Jasminreis servieren.

43. Aromatisches Hühnercurry

ZUTATEN:
- 300g Kartoffeln
- 6 Esslöffel Pflanzenöl
- 1 Sternanis
- 5 cm lange Zimtstange
- 2 Zweige Curryblätter, Blätter gezupft (oder 3 Lorbeerblätter)
- 1 Esslöffel Tamarindenpaste (oder Zitronen- oder Limettensaft)
- 1 Teelöffel feines Meersalz
- 800 g Hähnchenschenkelstücke ohne Knochen
- 100 ml Kokosmilch
- 4 Zweige frischer Koriander, Blätter abgezupft und grob gehackt

FÜR DIE GEMAHLENE GEWÜRZMISCHUNG
- 2 Esslöffel Koriandersamen
- 2 Teelöffel Kreuzkümmelsamen
- 2 Teelöffel Fenchelsamen
- 1 Zimtstange, in Stücke gebrochen
- 1 Sternanis, in Stücke gebrochen

FÜR DIE GEWÜRZPASTE
- 10 getrocknete Chilischoten, 10 Minuten in kochendem Wasser eingeweicht
- 4 Knoblauchzehen
- 2 Schalotten
- 1,5 cm frischer Ingwer
- 2,5 cm frische Kurkuma (oder 1 Teelöffel gemahlene Kurkuma)

ANWEISUNGEN:

a) In einem kleinen Topf mit Wasser die Kartoffeln mit Schale 8–10 Minuten kochen, bis sie gar sind. Abgießen, schälen und in kleine Stücke schneiden, dann in eine Schüssel geben und beiseite stellen.

b) Die gemahlenen Zutaten der Gewürzmischung in einer Bratpfanne bei mittlerer Hitze 1 Minute rösten. In die Gewürzmühle geben und glatt mahlen.

c) Mit einer Küchenmaschine oder einem Stabmixer die Zutaten der Paste mit einem Schuss Wasser glatt rühren. In eine Schüssel geben und mit der gemahlenen Gewürzmischung gut vermischen.

d) Einen Topf bei mittlerer Hitze erhitzen. Fügen Sie das Öl hinzu und braten Sie Sternanis und Zimt 30 Sekunden lang an, um das Öl durchzuziehen. Die Paste-Gewürz-Mischung und die Curryblätter dazugeben und 2 Minuten anbraten, bis sich das Öl löst.

e) Fügen Sie die Tamarinde und das Salz hinzu und kochen Sie es 1 Minute lang. Fügen Sie dann das Huhn hinzu und kochen Sie es 2 Minuten lang, um es zu verschließen. Die Kokosmilch zusammen mit 600 ml Wasser hinzufügen, zum Kochen bringen, dann die Hitze reduzieren und 10 Minuten köcheln lassen, bis das Huhn gar ist.

f) Die Kartoffeln hinzufügen und weitere 2 Minuten kochen lassen. Mit gehacktem Koriander garnieren und sofort mit Jasmin- oder Basmatireis servieren.

44. Rindfleisch in Sojasauce

ZUTATEN:
- 300 g Kartoffeln, geschält und in 1 cm dicke Scheiben geschnitten
- 200 ml Pflanzenöl
- ½ mittelgroße Zwiebel, fein gehackt
- 5 Knoblauchzehen, fein gehackt
- 2,5 cm frischer Ingwer, fein gehackt
- 5 cm lange Zimtstange
- 2 Sternanis
- 4 Kardamomkapseln
- 1 Pandanblatt, zu einem lockeren Knoten zusammengebunden (oder 2 Lorbeerblätter) (optional)
- 2 Esslöffel gemahlene Gewürzmischung für Fleisch, gemischt mit einem Schuss Wasser
- ½ Teelöffel feines Meersalz
- 1 kg Rinderoberseite, in Stücke geschnitten
- 180 ml süße Sojasauce
- 3 Esslöffel Kokosmilch

ZUM GARNIEREN:
- 6 Esslöffel Pflanzenöl
- 2 Zweige Curryblätter, Blätter gepflückt (oder 3 Lorbeerblätter)
- 5 cm frischer Ingwer, in Julienne geschnitten
- 1 mittelgroße rote Zwiebel, in 0,5 cm große Ringe geschnitten

ANWEISUNGEN:

a) Entfernen Sie einen Teil der Stärke aus den Kartoffelscheiben, indem Sie sie 5 Minuten lang in Wasser einweichen und dann mit Küchenpapier trocken tupfen.

b) Erhitzen Sie das Öl in einer Bratpfanne bei mittlerer Hitze und braten Sie die Kartoffeln an, bis sie goldbraun sind. Nehmen Sie sie mit einem Schaumlöffel heraus und legen Sie sie beiseite. Mit demselben Öl die Garniturzutaten braten, bis sie knusprig und goldbraun sind. Auslöffeln und beiseite stellen.

c) Einen großen, tiefen Topf bei mittlerer Hitze erhitzen und 6 Esslöffel des Öls hinzufügen, das zum Braten und Garnieren der Kartoffeln verwendet wurde. Zwiebel, Knoblauch und Ingwer hinzufügen und kochen, bis es duftet. Zimt, Sternanis, Kardamomkapseln und Pandanblätter hinzufügen und unter Rühren kochen, bis die Mischung goldbraun wird.

d) Die gemahlene Gewürzmischung und das Salz hinzufügen und kochen, bis sich das Öl trennt. Weitere 2 Minuten kochen lassen, dann das Rindfleisch hinzufügen und verrühren. Sojasauce, Kokosmilch und 250 ml Wasser hinzufügen, zum Kochen bringen, dann die Hitze reduzieren und 30 Minuten köcheln lassen, bis das Fleisch zart und die Sauce eingedickt ist.

e) Vom Herd nehmen und die Bratkartoffeln und die Garniturzutaten hinzufügen und gut umrühren. Sofort servieren.

45.Gebratenes Hähnchen und Shiitake-Pilze

ZUTATEN:
- 8 getrocknete Shiitake-Pilze
- 2 Esslöffel Pflanzenöl
- 1 rote Chilischote , in 0,5 cm dicke Scheiben geschnitten
- 5 Knoblauchzehen, fein gehackt
- 2,5 cm frischer Ingwer, julieniert
- 800 g Hähnchenbrust ohne Knochen, in dünne Scheiben geschnitten
- 4 Esslöffel Austernsauce
- 2 Esslöffel helle Sojasauce
- 1 Teelöffel Sesamöl
- ½ Teelöffel weißer Pfeffer
- 2 Frühlingszwiebeln, in 0,5 cm dicke Scheiben geschnitten

ANWEISUNGEN:

a) Die Shiitake-Pilze 10 Minuten in kochendem Wasser einweichen, bis sie weich sind. Abtropfen lassen, die Stiele entfernen und die Pilze halbieren, dann in eine Schüssel geben und beiseite stellen.

b) Das Öl in einem Wok oder einer großen Pfanne bei mittlerer Hitze erhitzen. Chili , Knoblauch und Ingwer anbraten , bis sie duften und goldbraun sind. Fügen Sie das Huhn, die Austernsauce und die Sojasauce hinzu und kochen Sie es 2 Minuten lang, um das Huhn zu verschließen.

c) Die Shiitake-Pilze und 100 ml Wasser hinzufügen und weitere 3 Minuten kochen lassen, oder bis das Huhn gar ist. Den Herd ausschalten und mit Sesamöl, weißem Pfeffer und Frühlingszwiebeln bestreuen. Alles gut umrühren und sofort servieren.

46. Hähnchen in Chili-Tomatensauce

ZUTATEN:
- ½ Esslöffel gemahlene Kurkuma
- Eine Prise feines Meersalz
- 800 g Hähnchenbrust ohne Knochen, in große Stücke geschnitten
- 150 ml Pflanzenöl
- 2 Schalotten, fein gehackt
- 4 Knoblauchzehen, fein gehackt
- 2,5 cm frischer Ingwer, fein gehackt
- 1 Pandanblatt , zu einem Knoten zusammengebunden (oder 1 Stange Zitronengras)
- 2 Sternanis
- 5 cm lange Zimtstange
- 8 EL Chilipaste , fertig im Glas oder selbstgemacht
- 4 Esslöffel Tomatenpüree
- ½ Esslöffel Tamarindenpaste (oder Zitronen- oder Limettensaft)
- ½ Esslöffel weißer Zucker
- 1 Teelöffel feines Meersalz
- 2 Esslöffel Kokosmilch
- 2 Tomaten, in Viertel geschnitten
- 3 Esslöffel gefrorene Erbsen

ANWEISUNGEN:

a) Kurkuma und Salz vermischen, dann über die Hähnchenstücke reiben und 5 Minuten ruhen lassen.
b) Erhitzen Sie das Öl in einer großen Bratpfanne bei mittlerer Hitze und braten Sie das Hähnchen darin 4 Minuten lang flach an, bis es braun ist. In zwei oder drei Portionen braten – das Hähnchen muss nicht vollständig gegart sein, da es in der Soße köchelt. Nehmen Sie die Hähnchenteile heraus und legen Sie sie beiseite.
c) Das Öl in der Pfanne erneut erhitzen und die Schalotten, den Knoblauch und den Ingwer hinzufügen. Wenn die Zutaten duften, das Pandanblatt, den Sternanis und den Zimt hinzufügen und kochen, bis die Zutaten anfangen, goldbraun zu werden. Chilipaste, Tomatenpüree, Tamarinde, Zucker und Salz hinzufügen und bei mittlerer Hitze kochen, bis sich das Öl trennt.
d) Fügen Sie das Huhn zusammen mit 200 ml Wasser hinzu, rühren Sie um und lassen Sie es dann 10 Minuten lang köcheln, bis das Huhn gar ist. Die Kokosmilch hinzufügen und 1 Minute kochen lassen, dann die Tomaten und Erbsen hinzufügen und 2 Minuten kochen lassen, bis sie zusammengefallen sind. Sofort servieren.

47. Malaysisches portugiesisches Teufelscurry

ZUTATEN:
- 1 Teelöffel schwarze Senfkörner
- 1 Teelöffel braune Senfkörner
- 100 ml weißer Essig
- 200 ml Pflanzenöl
- 2 mittelgroße Kartoffeln, geschält und in Stücke geschnitten
- 1 Teelöffel feines Meersalz
- 2 Teelöffel brauner Zucker
- 1,2 kg Hähnchenstücke, mit Knochen
- 2 Esslöffel helle Sojasauce
- 2 Tomaten, geviertelt
- 4 grüne oder rote Chilis , schräg in 2 cm dicke Scheiben geschnitten
- 4 Zweige Koriander zum Garnieren

FÜR DIE GEWÜRZPASTE
- 15 getrocknete Chilis , 10 Minuten in kochendem Wasser eingeweicht
- 3 Schalotten
- 2 Stängel Zitronengras
- 2,5 cm frischer Ingwer
- 2,5 cm frischer Galgant (oder zusätzlicher Ingwer)
- 5 cm frische Kurkuma (oder 2 Teelöffel gemahlene Kurkuma)
- ½ mittelgroße Zwiebel
- 4 Knoblauchzehen

ANWEISUNGEN:

a) In einer Schüssel alle Senfkörner 10 Minuten lang im Essig einweichen. Mit einer Küchenmaschine oder einem Handmixer die Zutaten der Paste pürieren, bis eine glatte Masse entsteht. Falls die Masse zu trocken wird, einen Schuss Wasser hinzufügen.

b) Eine kleine Bratpfanne bei mittlerer Hitze erhitzen. Geben Sie das Öl hinzu und braten Sie die Kartoffeln an, bis sie goldbraun und gar sind. Mit einem Schaumlöffel herausnehmen und mit Küchenpapier trocknen. Beiseite legen.

c) Einen großen, tiefen Topf bei mittlerer Hitze erhitzen. Gießen Sie das vom Braten der Kartoffeln übrig gebliebene Öl hinein, fügen Sie dann die Gewürzpaste hinzu und braten Sie es 4 Minuten lang an, bis es duftet und sich das Öl trennt. Fügen Sie Salz und Zucker hinzu und kochen Sie es 1 Minute lang. Geben Sie dann das Huhn hinzu und kochen Sie es 3 Minuten lang, um es zu verschließen. Die Senfkörner mit dem Einweichessig, der Sojasauce und 200 ml Wasser hinzufügen und zum Kochen bringen. Reduzieren Sie die Hitze auf eine niedrige Stufe und lassen Sie es 15 Minuten köcheln, bis das Hähnchen gar ist.

d) Tomaten, Chilis und Kartoffeln hinzufügen und 2 Minuten kochen lassen. Mit Koriander garnieren und mit Jasmin- oder Basmatireis servieren.

48. Gegrilltes Rindfleisch in Kurkuma und Kokosmilch

ZUTATEN:
- 800 g Rinderfilet oder Rinderrücken, in große Stücke geschnitten
- 3 Teelöffel Kreuzkümmelsamen, grob zerstoßen
- 1 Teelöffel schwarze Pfefferkörner, grob gemahlen
- 1½ Teelöffel feines Meersalz
- 1 Esslöffel Pflanzenöl
- 500 ml Kokosmilch
- 2 Esslöffel Tamarindenpaste (oder Zitronen- oder Limettensaft)
- 1 Stängel Zitronengras, gequetscht
- 500 g Butternusskürbis, gewürfelt und 10 Minuten gekocht
- 6 Kaffernlimettenblätter, in dünne Scheiben geschnitten (oder Schalenstreifen von 2 Limetten)
- 1 Teelöffel Chiliflocken zum Garnieren

FÜR DIE GEWÜRZPASTE
- 10 rote Bird's-Eye- Chilis
- 2 Schalotten
- 3 Knoblauchzehen
- 5 cm frischer Ingwer
- 5 cm frische Kurkuma (oder 2 Teelöffel gemahlene Kurkuma)
- 2 Stängel Zitronengras

ANWEISUNGEN:

a) Rindfleisch, Kreuzkümmel, schwarzen Pfeffer und Salz in eine Schüssel geben und gründlich vermischen. Mit Frischhaltefolie abdecken und 30 Minuten im Kühlschrank marinieren lassen.

b) Die Zutaten der Paste in einer Küchenmaschine oder mit einem Stabmixer pürieren, bis eine glatte Masse entsteht.

c) Stellen Sie eine Grillpfanne auf hohe Hitze, bis sie heiß ist und raucht, und geben Sie dann das Öl hinzu. Geben Sie sofort das Rindfleisch hinein und braten Sie es auf jeder Seite 2 Minuten lang. Schalten Sie dann den Herd aus und decken Sie die Pfanne 5 Minuten lang mit Aluminiumfolie ab.

d) Einen großen, tiefen Topf bei mittlerer Hitze vorheizen.

e) Kokosmilch, Tamarinde, Zitronengras, Gewürzpaste und 600 ml Wasser hinzufügen.

f) Zum Kochen bringen, dann die Hitze reduzieren, das Rindfleisch, den Butternusskürbis und die Kaffernlimettenblätter hinzufügen und 30 Minuten köcheln lassen.

g) Chiliflocken garnieren und mit Jasminreis servieren.

49. Lammfleisch in Kreuzkümmel-Koriander-Sauce

ZUTATEN:
- 6 Esslöffel Pflanzenöl
- 2 Schalotten, fein gehackt
- 4 Knoblauchzehen, fein gehackt
- 2,5 cm frischer Ingwer, fein gehackt
- 4 Kardamomkapseln
- 4 Nelken
- 1 Sternanis
- 5 cm lange Zimtstange
- 1 Pandanblatt , zu einem Knoten gebunden (oder 2 Lorbeerblätter)
- 5 Esslöffel gemahlene Gewürzmischung für Fleisch
- 1 Esslöffel Tamarindenpaste (oder Zitronen- oder Limettensaft)
- 1 Teelöffel feines Meersalz
- 50 ml Kokosmilch
- 600 g Lammfleisch, in kleine Stücke geschnitten
- 2 Zweige Minze, Blätter abgezupft

ANWEISUNGEN:
a) Das Öl in einer Bratpfanne bei mittlerer Hitze erhitzen. Schalotten, Knoblauch, Ingwer, Kardamomkapseln, Nelken, Sternanis, Zimt und Pandanblätter hinzufügen und kochen, bis es duftet. Die gemahlene Gewürzmischung zusammen mit 200 ml Wasser, der Tamarinde, Salz und Kokosmilch hinzufügen und kochen, bis sich das Öl trennt.

b) Das Lamm dazugeben, gut umrühren, dann 100 ml Wasser hinzufügen und bei schwacher Hitze 30 Minuten köcheln lassen, bis das Fleisch gar ist. Den Herd ausschalten und mit Minzblättern bestreuen. Noch einmal umrühren und sofort servieren.

50. Hühnchen-Rendang

ZUTATEN:
- 1 ganzes Huhn, ca. 1,5 kg, in 12 Stücke geschnitten
- 400 ml Kokosmilch
- 1 Esslöffel weißer Zucker
- 1 Teelöffel feines Meersalz
- 1 Esslöffel Tamarindenpaste (oder Zitronen- oder Limettensaft)
- 2 Stängel Zitronengras (nur die untere Hälfte verwenden), gequetscht
- 6 Kaffernlimettenblätter, zerdrückt (oder Schalenstreifen von 2 Limetten)
- 2 Esslöffel Kerisik (geröstete Kokosnuss)

FÜR DIE GEWÜRZPASTE
- 20 getrocknete Chilischoten, 10 Minuten in kochendem Wasser eingeweicht
- 2,5 cm frischer Ingwer
- 5 cm frischer Galgant (oder zusätzlicher Ingwer)
- 2 Stängel Zitronengras
- 4 Knoblauchzehen
- 2 Schalotten
- ½ mittelgroße Zwiebel

ANWEISUNGEN:

a) Alle Zutaten für die Gewürzpaste in eine Küchenmaschine geben und glatt rühren.

b) Erhitzen Sie einen Wok auf hoher Stufe und geben Sie die gemischten Zutaten, Hühnchen, Kokosmilch, Zucker, Salz, Tamarinde und Zitronengras sowie 200 ml Wasser hinzu.

c) Zum Kochen bringen, dann auf mittlere Hitze reduzieren und etwa 1 Stunde köcheln lassen, dabei gelegentlich umrühren.

d) Kochen, bis sich das Öl gelöst hat und die Soße eingedickt ist.

e) Fügen Sie nun die Limettenblätter und den Kerisik hinzu. Umrühren und weitere 5 Minuten kochen lassen, dann mit Reis servieren.

51.Soja-Hähnchen-Pfanne

ZUTATEN:
- 2 Hähnchenbrüste ohne Haut, jeweils etwa 200–250 g, in Streifen geschnitten
- 1 Esslöffel Pflanzenöl
- 100g Zuckererbsen
- Für die Marinade
- 3 Knoblauchzehen, gehackt
- 2,5 cm frischer Ingwer, gehackt
- 50 ml Wasser
- 200 ml süße Sojasauce
- 2 Esslöffel Austernsauce

ANWEISUNGEN:
a) Die Zutaten für die Marinade in einer Schüssel vermischen, dann die Hähnchenstreifen dazugeben und 30 Minuten im Kühlschrank marinieren lassen.
b) Erhitzen Sie eine Grillpfanne oder Bratpfanne bei mittlerer Hitze, bis sie heiß ist, und geben Sie dann das Öl hinzu.
c) Kochen Sie das marinierte Hähnchen 3-4 Minuten lang, schwenken Sie es leicht, bis das Hähnchen gar ist, fügen Sie dann die Zuckererbsen und die restliche Marinade hinzu und kochen Sie es 2 Minuten lang, bis das Gemüse leicht welk ist.
d) Hitze ausschalten und auf eine Servierplatte geben. Mit Jasminreis servieren.

52. Hähnchen mit Zitronengras und Kokossauce

ZUTATEN:

- 800g Hähnchenbrust, Schmetterlingsschnitt
- 2 Stängel Zitronengras (nur die untere Hälfte verwenden), püriert
- 1 Teelöffel gemahlener Kurkuma
- 1 Teelöffel feines Meersalz
- für die Soße
- 4 Schalotten, geschält
- 3 Knoblauchzehen
- 2,5 cm frischer Ingwer
- 2 Stängel Zitronengras (nur die untere Hälfte verwenden)
- 3 Esslöffel Pflanzenöl
- 4 EL Chilipaste, fertig aus dem Glas oder selbstgemacht
- ¼ Teelöffel gemahlener Kurkuma
- 1 Esslöffel Tamarindenpaste (oder Zitronen- oder Limettensaft)
- ½ Teelöffel feines Meersalz
- 200 ml Kokosmilch

ANWEISUNGEN:

a) Das Hähnchen mit dem pürierten Zitronengras, Kurkuma und Salz in eine Schüssel geben und 1 Stunde marinieren lassen.

b) Bereiten Sie den Grill oder die Grillpfanne vor und braten Sie das Hähnchen auf jeder Seite 4 Minuten lang an, bis es schön verkohlt und durchgegart ist. Auf eine Platte geben und mit Alufolie abdecken, um es warm zu halten.

c) Für die Sauce Schalotten, Knoblauch, Ingwer und Zitronengras in einem Mixer fein pürieren. Einen mittelgroßen Topf bei mittlerer Hitze erhitzen, dann das Öl hinzufügen und die pürierten Zutaten anbraten, bis sie duften. Chilipaste, Kurkuma, Tamarinde und Salz hinzufügen und 2 Minuten kochen lassen. Nun die Kokosmilch dazugeben und aufkochen.

d) Die Soße über das gegrillte Hähnchen gießen und sofort servieren.

53. Gebratenes, gewürztes Hähnchen

ZUTATEN:

- 800 g Hähnchenschenkel ohne Knochen
- 4 Esslöffel Pflanzenöl
- Für die Marinade
- 30g frischer Ingwer
- 20 g frischer Galgant (oder zusätzlicher Ingwer)
- 3 Knoblauchzehen
- 2 Bananenschalotten
- 4 Esslöffel gemahlene Gewürzmischung für Fleisch
- 4 Zweige Curryblätter
- 2 Teelöffel Meersalz
- 2 Esslöffel Kokosmilch
- ½ Esslöffel Limettensaft
- 1 Teelöffel brauner Zucker

ANWEISUNGEN:

a) Ingwer, Galgant, Knoblauch und Schalotten pürieren und mit allen restlichen Marinadenzutaten in einer Schüssel vermengen. Die Hähnchenstücke dazugeben, umrühren, abdecken und mindestens 1 Stunde oder über Nacht im Kühlschrank ruhen lassen.

b) Erhitzen Sie das Öl in einer großen Bratpfanne oder einem Wok bei schwacher Hitze und braten Sie das Hähnchen auf jeder Seite etwa 6 Minuten lang an. Sofort servieren.

54.Rindfleisch-Ingwer-Pfanne

ZUTATEN:

- 800 g Rinderoberseite, in 2 cm dicke Scheiben geschnitten
- 2 Esslöffel Pflanzenöl
- 1 rote Chilischote , in dünne Scheiben geschnitten
- 3 Knoblauchzehen, fein gehackt
- 5 cm frischer Ingwer, geschält und in dünne Scheiben geschnitten
- ½ Teelöffel gemahlener Kurkuma
- 1 mittelgroße Zwiebel, in dünne Scheiben geschnitten
- 2 Frühlingszwiebeln, in 1 cm dicke Scheiben geschnitten
- Für die Marinade
- 4 Esslöffel Austernsauce
- 1 Teelöffel Sesamöl
- 3 Esslöffel helle Sojasauce
- ½ Esslöffel grob gemahlener schwarzer Pfeffer
- 5 cm frischer Ingwer, sehr fein gehackt

ANWEISUNGEN:

a) Die Zutaten für die Marinade in einer Schüssel vermischen, dann die Rindfleischstücke dazugeben und 30 Minuten bei Zimmertemperatur marinieren lassen.

b) Erhitzen Sie einen Wok oder eine große tiefe Bratpfanne, bis sie heiß ist, und geben Sie das Öl hinein. Chili , Knoblauch und Ingwer anbraten , bis sie duften und goldbraun sind. Das marinierte Rindfleisch und die Kurkuma dazugeben und 5 Minuten lang unter ständigem Rühren verrühren, bis das Rindfleisch versiegelt ist.

c) Zwiebel und Frühlingszwiebeln dazugeben und eine weitere Minute braten. Auf einer Platte anrichten und sofort servieren.

GEMÜSE

55.Mangosalat

ZUTATEN:
- 700–800 g unreife (fest und grün, nicht weich und saftig) Mangos, geschält und in Streifen geschnitten
- 2 Tomaten, entkernt und in dünne Scheiben geschnitten
- ½ Schalotte, in dünne Scheiben geschnitten
- 2 Esslöffel Limettensaft
- ½ Teelöffel feines Meersalz
- 1 Teelöffel grob gemahlener schwarzer Pfeffer
- 2 rote Chilischoten, entkernt und fein zerstoßen
- 4 Esslöffel zerstoßene Erdnüsse
- 8 Zweige frischer Koriander, Blätter abgezupft
- Optionale Zutaten
- 4 Esslöffel getrocknete Garnelen, 10 Minuten in warmem Wasser eingeweicht
- 1 Esslöffel Fischsauce

ANWEISUNGEN:

a) Mangos, Tomaten, Schalotten, Limettensaft, Meersalz, getrocknete Garnelen und Fischsauce (falls verwendet) in eine Schüssel geben und vorsichtig, aber gründlich mit den Fingern oder zwei Holzlöffeln vermischen.

b) Auf eine Servierplatte oder Schüssel geben und mit schwarzem Pfeffer, Chilischoten, zerstoßenen Erdnüssen und Koriander bestreuen. Sofort servieren.

56. Malaysischer Kräuterreis-Lachs-Salat

ZUTATEN:
- 400 Gramm frischer Lachs
- 2 Esslöffel Sojasauce
- 2 Esslöffel Mirin
- 6 Tassen Gekochter Jasminreis
- ½ Tasse Getoastet; Kokosraspeln
- 1 5 cm großes Stück Kurkuma; geschält
- 1 5 cm großes Stück Galgant; geschält
- 3 Esslöffel Fischsoße
- 2 kleine Rote Paprikaschoten; entkernt und gehackt
- 8 Kaffernlimettenblätter
- ½ Tasse Thailändischer Basilikum
- ½ Tasse Vietnamesische Minze
- Extra geröstete Kokosnuss zum Servieren.
- 1 Reife Avocado; geschält
- 1 Rote Chili; gehackt
- 2 Knoblauchzehen; gehackt
- ¾ Tasse Olivenöl; (Licht)
- ⅓ Tasse Limettensaft
- ¼ Tasse Zitronensaft
- ½ Tasse Thai-Basilikumblätter
- 10 Zweige aus Korianderblättern und -stängeln

ANWEISUNGEN:

a) Lassen Sie den Fischhändler die Haut vom Lachs entfernen und legen Sie ihn dann in eine flache Glasschale. Soja und Mirin mischen, über den Fisch gießen und 30 Minuten marinieren. Erhitzen Sie eine Grillpfanne oder einen Grill und kochen Sie den Fisch dann ca. 3 Minuten auf jeder Seite, bis er außen goldbraun und innen gerade durchgegart ist. Cool.

b) Die Kurkuma-, Galgant-, Chili- und Kaffernlimettenblätter sehr fein in Julienne schneiden und mit dem gekochten Reis vermischen. Geröstete Kokosnuss, Basilikum und Minze hinzufügen und mit der Fischsauce vermischen. Beiseite legen.

c) Machen Sie das Dressing. Alle Zutaten in einer Küchenmaschine pürieren, bis eine dicke Masse entsteht, dann das Dressing unter den Reis heben, bis der Reis eine hellgrüne Farbe hat.

d) Den gekochten Fisch zerkleinern und zum Reis geben, dabei vorsichtig verrühren und verteilen.

e) Den Salat bei Zimmertemperatur servieren, garniert mit gerösteter Kokosnuss.

57.Grüner Bohnensalat

ZUTATEN:
- 400 g feine grüne Bohnen, in 4 cm lange Stücke geschnitten
- 10 Kirschtomaten, halbiert
- 50 g geröstete Erdnüsse, zerkleinert
- 2 Zweige Thai-Basilikum, Blätter abgezupft (oder normales Basilikum)

FÜR DAS DRESSING:
- 1 rote Chilischote, entkernt und grob zerstoßen
- 3 Knoblauchzehen, grob zerstoßen
- 2 Esslöffel getrocknete Garnelen, 10 Minuten in warmem Wasser eingeweicht (optional)
- 1 Esslöffel Palmzucker oder brauner Zucker
- 1 Esslöffel Limettensaft
- 1 Esslöffel Fischsauce

ANWEISUNGEN:

a) In einem mittelgroßen Topf 500 ml Wasser zum Kochen bringen und die Bohnen 15 Sekunden lang blanchieren, bis sie leicht welk sind. Geben Sie sie sofort in eiskaltes Wasser und lassen Sie sie eine Minute lang einweichen. Abgießen und in eine Schüssel geben.

b) Die Tomaten und alle Dressingzutaten zu den Bohnen geben und vorsichtig, aber gründlich vermischen. Auf eine Servierplatte geben und mit Erdnüssen und Basilikumblättern bestreuen. Sofort servieren.

58. Brunnenkressesalat

ZUTATEN:
- 2 Bund Brunnenkresse oder Wassernabel, etwa 300 g
- ½ mittelgroße Zwiebel
- 2,5 cm frischer Ingwer
- 1 rote Chilischote , entkernt
- 2 Esslöffel Kerisik (geröstete Kokosnuss)
- ½ Esslöffel Limettensaft
- Feines Meersalz nach Geschmack
- ½ Teelöffel weißer Zucker

ANWEISUNGEN:

a) Entfernen Sie die Wurzeln vom Wassernabel, behalten Sie aber die Stängel. Um den Wassernabel zu reinigen, weichen Sie ihn 5 Minuten lang in einer Schüssel mit kaltem Wasser ein.

b) Nehmen Sie es aus dem Wasser, schütteln Sie es ein wenig und halten Sie es dann 30 Sekunden lang unter fließendes kaltes Wasser, um eventuelle Schmutzreste zu entfernen.

c) Zwiebel, Ingwer und Chili in einem Mörser fein zerstoßen und dann in eine Schüssel geben. Wassernabel, Kerisik , Limettensaft, Salz und Zucker hinzufügen und gründlich vermischen. Sofort servieren.

59. Nyonya-Vermicelli-Nudelsalat

ZUTATEN:
- 2 Esslöffel Pflanzenöl
- 150 g Reisfadennudeln
- 200 g rohe Riesengarnelen, geschält
- 6 Stücke fertig gebratener schwammiger Tofu, jeweils in 4 Stücke geschnitten
- 100 g Sojasprossen, 10 Sekunden in kochendem Wasser blanchiert
- 1 Esslöffel Ingwerblütenpüree (oder 2,5 cm frischer Galgant oder Ingwer, geschält und püriert)
- 1 Esslöffel brauner Zucker
- 1 Teelöffel feines Meersalz
- 2 Esslöffel Limettensaft
- 3 Esslöffel fertig gebratene Schalotten
- 10 Zweige frischer Koriander, Blätter abgezupft und grob gehackt
- 6 Kaffernlimettenblätter, in dünne Scheiben geschnitten (oder Schalenstreifen von 2 Limetten)

FÜR DIE PASTE:
- 2 Schalotten
- 3 Knoblauchzehen
- 2,5 cm frischer Ingwer
- 2 Stängel Zitronengras (nur die untere Hälfte verwenden)
- 2 rote Chilischoten, entkernt
- 1 Teelöffel Garnelenpaste, trocken geröstet (oder 2 Esslöffel Fischsauce)
- 10 g getrocknete Garnelen, 10 Minuten in warmem Wasser eingeweicht (optional)

ANWEISUNGEN:

a) Die Zutaten der Paste in einer Küchenmaschine oder mit einem Stabmixer pürieren, bis eine glatte Masse entsteht. Erhitzen Sie eine kleine Bratpfanne bei mittlerer Hitze, geben Sie dann das Öl hinzu und braten Sie die Paste 2 Minuten lang an, bis sie duftet. In eine kleine Schüssel füllen und vollständig abkühlen lassen.

b) 1,5 Liter Wasser in einem mittelgroßen Topf zum Kochen bringen, den Herd ausschalten und die Nudeln 2 Minuten lang blanchieren, bis sie weich sind. Abgießen, dann unter kaltem Wasser abspülen und beiseite stellen.

c) Stellen Sie den Topf wieder auf mittlere Hitze und geben Sie 500 ml Wasser hinzu. Zum Kochen bringen, dann die Garnelen blanchieren, bis sie rosa sind und gar sind. Mit einem Schaumlöffel herausnehmen und 1 Minute lang in eine Schüssel mit eiskaltem Wasser geben. Herausnehmen und beiseite stellen.

d) Nudeln, Garnelen, Tofu, Sojasprossen, Ingwerblütenpüree, Zucker, Salz und Limettensaft in eine Servierschüssel geben und umrühren, bis alle Zutaten gut bedeckt sind.

e) Schalotten, Koriander und Kaffernlimettenblätter hinzufügen, den Salat ein letztes Mal vorsichtig umrühren und sofort servieren.

60. Malaysischer Kräuterreis -Lachs-Salat

ZUTATEN:
- 400 Gramm Frischer Lachs
- 2 Esslöffel Sojasauce und 2 Esslöffel Mirin
- 6 Tassen Gekochter Jasminreis
- Kaffernlimettenblätter
- ½ Tasse Getoastet; Kokosraspeln
- Kurkuma/ Galgant; geschält
- 3 Esslöffel Fischsoße

DRESSING
- 2 kleine rote Chilis; entkernt und gehackt
- ½ Tasse Thailändischer Basilikum
- ½ Tasse Vietnamesische Minze
- 1 reife Avocado; geschält
- 1 rote Chili ; gehackt
- 2 Knoblauchzehen; gehackt
- ⅓ Tasse Limettensaft

ANWEISUNGEN:
a) Soja und Mirin mischen, über den Fisch gießen und 30 Minuten marinieren. Erhitzen Sie eine Grillpfanne oder einen Grill und kochen Sie den Fisch darin goldbraun .

b) Die Kurkuma- , Galgant-, Chili- und Kaffernlimettenblätter in Julienne schneiden und mit dem gekochten Reis vermischen. Geröstete Kokosnuss, Basilikum und Minze hinzufügen und mit der Fischsauce vermischen. Beiseite legen.

c) Alle Zutaten für das Dressing pürieren , dann das Dressing unter den Reis heben, bis der Reis eine hellgrüne Farbe hat. Den gekochten Fisch zerkleinern und zum Reis geben .

61. Malaiisches Gemüse-Dhal-Curry

ZUTATEN:
- 300 g Linsen, mindestens 4 Stunden oder über Nacht in Wasser eingeweicht
- 1 Pandanblatt , zu einem Knoten gebunden (oder 2 Lorbeerblätter)
- 1½ Esslöffel fertig gemahlene Gewürzmischung für Fleisch
- ½ Teelöffel gemahlener Kurkuma
- 150 ml Kokosmilch
- 2 Esslöffel Tamarindenpaste (oder Zitronen- oder Limettensaft)
- 5 cm lange Zimtstange
- 2 Sternanis
- 1 Teelöffel feines Meersalz
- 1 mittelgroße Kartoffel, geschält und in kleine Stücke geschnitten
- 1 Karotte, in 4 cm lange, dünne Spalten geschnitten
- 150g Auberginen , in kleine Stücke geschnitten
- 1 kleine grüne Mango, in kleine Stücke geschnitten
- 2 grüne Chilischoten , entkernt und der Länge nach geteilt
- 100 g feine grüne Bohnen, in 2,5 cm große Stücke geschnitten

ZUM GARNIEREN:
- 3 Esslöffel Pflanzenöl
- ½ mittelgroße rote Zwiebel, in Ringe geschnitten
- 3 getrocknete Chilis
- 2 Zweige Curryblätter (oder 3 Lorbeerblätter)

ANWEISUNGEN:

a) 1 Liter Wasser in einem mittelgroßen Topf zum Kochen bringen. Die abgetropften Linsen und den Pandan- Knoten dazugeben und 15 Minuten kochen lassen, bis die Linsen weich und leicht matschig sind. Die gemahlene Gewürzmischung, Kurkuma, Kokosmilch, Tamarinde, Zimt, Sternanis und Salz hinzufügen. Bei mittlerer Hitze 5 Minuten kochen lassen, dann Kartoffeln, Karotten, Auberginen , Mango, Chilis und Bohnen hinzufügen.

b) 5–10 Minuten kochen, bis die Kartoffel und die Aubergine weich sind. Wenn die Sauce trocken wird, fügen Sie mehr Wasser hinzu. Bei Bedarf mit Salz nachwürzen, dann den Herd ausschalten und das Curry in eine Schüssel geben.

c) Das Garnieröl in einer mittelgroßen Bratpfanne erhitzen. Alle Garniturzutaten auf einmal hinzufügen und 2 Minuten braten, bis die Zwiebel goldbraun ist.

d) Die Zutaten mit einem Schaumlöffel herausnehmen und über das Curry streuen. Sofort servieren.

62. Kürbis in Kurkuma und Kokosmilch

ZUTATEN:

- 500 g Kürbis, geschält und in 4 cm große Stücke geschnitten
- 3 Knoblauchzehen, zu einer Paste zerstoßen
- 2,5 cm frische Kurkuma, zu einer Paste zerstoßen (oder 1 Teelöffel gemahlene Kurkuma)
- 1 mittelgroße rote Zwiebel, in 8 Spalten geschnitten
- 1 Teelöffel feines Meersalz
- 300 ml Kokosmilch
- 4 Kaffernlimettenblätter, in dünne Scheiben geschnitten (oder Schalenstreifen von 2 Limetten)

ANWEISUNGEN:

a) Kochen Sie den Kürbis in einem mittelgroßen Topf in 500 ml Wasser 8–10 Minuten lang, bis er gar ist, und lassen Sie ihn dann abtropfen.

b) Geben Sie den Kürbis mit 500 ml Wasser und allen restlichen Zutaten außer den Limettenblättern in einen mittelgroßen Topf. Bei mittlerer Hitze zum Kochen bringen, dann die Hitze reduzieren und 5 Minuten köcheln lassen, dabei ein- bis zweimal umrühren.

c) Die Limettenblätter hinzufügen und eine weitere Minute kochen lassen, dann servieren.

63. Blumenkohl und Brokkoli unter Rühren anbraten

ZUTATEN:
- 1 Teelöffel gemahlener Kurkuma
- 3 Esslöffel helle Sojasauce
- 1 Esslöffel Pflanzenöl
- 2 Knoblauchzehen, fein gehackt
- 150 g Blumenkohl, in kleine Stücke geschnitten
- 150 g Brokkoli, in kleine Stücke geschnitten
- 100 g Karotten, längs halbieren und schräg in 0,5 cm dicke Scheiben schneiden
- ½ Teelöffel Chiliflocken

ANWEISUNGEN:
a) Kurkuma und Sojasauce in eine kleine Schüssel geben und mit 50 ml Wasser vermischen.
b) Einen Wok oder eine große Bratpfanne bei starker Hitze erhitzen. Geben Sie das Öl hinzu und braten Sie den Knoblauch goldbraun an. Fügen Sie dann den Blumenkohl, den Brokkoli und die Karotten hinzu. 1 Minute kochen lassen, dann die Kurkuma-Soja-Mischung hinzufügen.
c) 2 Minuten braten, dabei ein- oder zweimal umrühren, dann auf eine Servierplatte geben und Chiliflocken darüber streuen. Sofort servieren.

64. Gedämpfter Pak Choy

ZUTATEN:
- 300g Pak Choi
- 2 Knoblauchzehen, fein gehackt
- 1 rote Chilischote, in dünne Scheiben geschnitten
- 2 Esslöffel Pilz- oder Austernsauce
- 1 Teelöffel Sesamöl

ANWEISUNGEN:
a) Pak Choi in einzelne Stiele schneiden und gründlich waschen.
b) Legen Sie die Blätter auf einen Teller oder ein Tablett, das zu Ihrem Dampfgarer passt. Den Knoblauch und die Chili darüber streuen und 5 Minuten dämpfen, bis der Pak Choi zusammengefallen ist.
c) Aus dem Dampfgarer nehmen und mit der Pilz- oder Austernsauce und Sesamöl bestreuen. Sofort servieren.

65. Gebratene Okraschoten

ZUTATEN:
- 2 Esslöffel Pflanzenöl, plus ½ Teelöffel zum Rühren des Eies
- 1 rote Chilischote, schräg in 0,5 cm dicke Scheiben geschnitten
- 1 Schalotte, dünn in 0,5 cm große Ringe geschnitten
- 2 Knoblauchzehen, in dünne Scheiben geschnitten
- 300 g Okra, beide Enden abschneiden und schräg in zwei Hälften schneiden
- 1 Esslöffel Tamarindenpaste (oder Zitronen- oder Limettensaft)
- 2 Esslöffel helle Sojasauce
- 1 Ei

ANWEISUNGEN:

a) Einen Wok oder eine große Bratpfanne erhitzen. Fügen Sie die 2 Esslöffel Öl hinzu und braten Sie die Chilis 10 Sekunden lang an, um das Öl durchzuziehen.

b) Schalotte und Knoblauch dazugeben und goldbraun anbraten, dann Okra, Tamarinde und Sojasauce dazugeben und 2 Minuten braten, bis die Okra zu welken beginnt.

c) Schieben Sie alles mit einer Fischscheibe oder einem Holzlöffel auf eine Seite des Woks oder der Bratpfanne und träufeln Sie den halben Teelöffel Öl auf die freigelegte Stelle. Das Ei aufschlagen und rühren lassen, dann Ei und Okra vermischen und weitere 30 Sekunden braten.

d) Auf einer Platte anrichten und servieren.

66.Spinat unter Rühren anbraten

ZUTATEN:

- 400g Spinat
- 1 Esslöffel Pflanzenöl
- ½ rote Chilischote , in dünne Scheiben geschnitten
- 3 Knoblauchzehen, fein gehackt
- ½ mittelgroße Zwiebel, in dünne Scheiben geschnitten
- 2 Esslöffel helle Sojasauce

ANWEISUNGEN:

a) Schneiden Sie die Unterseite der Spinatstiele ab und waschen Sie die Blätter gut.

b) Das Öl in einem Wok oder einer großen Bratpfanne bei starker Hitze erhitzen. Die Chilis etwa 10 Sekunden lang anbraten , dann den Knoblauch und die Zwiebeln dazugeben und goldbraun braten. Den Spinat und die Sojasauce hinzufügen und 2 Minuten lang mit einem Deckel abdecken, damit der Spinat gleichmäßig zusammenfällt. Nehmen Sie dann den Deckel ab und rühren Sie alles gut um.

c) In eine Schüssel geben und servieren.

67. Eier in Chili-Sambal

ZUTATEN:
- 6 Esslöffel Pflanzenöl
- 4 Schalotten, 2 davon in 0,5 m lange Ringe geschnitten und die anderen ganz gelassen
- 3 Knoblauchzehen
- 2,5 cm frischer Ingwer
- 6 EL Chilipaste , fertig aus dem Glas oder selbstgemacht
- 2 Esslöffel Tamarindenpaste (oder Zitronen- oder Limettensaft)
- 1 Esslöffel brauner Zucker
- ½ Teelöffel feines Meersalz
- ½ Teelöffel Garnelenpaste, trocken geröstet (oder 2 Esslöffel Fischsauce)
- 4 Eier
- 1 große Zwiebel, in dünne Ringe geschnitten
- 4 Zweige frischer Koriander, Blätter abgezupft
- ½ Teelöffel Chiliflocken

ANWEISUNGEN:
a) Das Öl in einer Bratpfanne bei mittlerer Hitze erhitzen und die Schalottenringe darin goldbraun braten. Mit einem Schaumlöffel herauslöffeln und mit Küchenpapier abtupfen. Beiseite legen.

b) Mit einem Stabmixer Knoblauch, Ingwer und die restlichen Schalotten mit einem Schuss Wasser glatt pürieren. Erhitzen Sie das übrig gebliebene Öl in einer Bratpfanne bei mittlerer Hitze und braten Sie die pürierten Zutaten an, bis sie duften und goldbraun sind.

c) Die Chilipaste dazugeben und bei schwacher Hitze köcheln lassen, bis sich das Öl abscheidet, dann Tamarinde, Zucker, Salz und Garnelenpaste dazugeben und kochen, bis sich das Öl wieder abscheidet. 300 ml Wasser hinzufügen, zum Kochen bringen und dann die Hitze auf eine niedrige Stufe reduzieren.

d) Die Eier in die Soße aufschlagen und 3–4 Minuten kochen lassen. Das Gericht ist fertig, wenn die Eier in der Soße gekocht sind und das Eiweiß fest ist. Wenn Sie das Eigelb lieber vollständig gekocht haben möchten, lassen Sie es weitere 3–4 Minuten bei schwacher Hitze köcheln.

e) Mit den gebratenen Schalotten, Koriander und Chiliflocken garnieren und servieren.

REIS UND NUDELN

68. Weißer Reis

ZUTATEN:
- 500g Reis
- 2 Pandanblätter , zu Knoten gebunden (oder 3 Lorbeerblätter) (optional)

ANWEISUNGEN:

a) Den Reis in eine Schüssel geben, mit kaltem Wasser bedecken und 20 Minuten quellen lassen.

b) Abgießen und dann den Reis und die Pandan- Knoten mit 1,2 Liter Wasser in einen tiefen Topf geben. Bei mittlerer Hitze zum Kochen bringen, dann die Hitze reduzieren und 8 Minuten kochen lassen, dabei ein- oder zweimal umrühren.

c) Schalten Sie den Herd aus, decken Sie ihn mit Frischhaltefolie oder Aluminiumfolie ab, um den Dampf aufzufangen, und stellen Sie ihn 15 Minuten lang beiseite. Die Pandan- Knoten entfernen und sofort servieren.

69.Tomatenreis

ZUTATEN:
- 250g Ghee (oder Butter)
- 50g Rosinen
- 25g Mandelblättchen
- 1 mittelgroße Zwiebel, gewürfelt
- 4 Knoblauchzehen, fein gehackt
- 2,5 cm frischer Ingwer, fein gehackt
- 5 cm lange Zimtstange
- 4 Kardamomkapseln
- 4 Nelken
- 1 Sternanis
- 2 Pandanblätter, zu einem Knoten zusammengebunden (oder 2 Lorbeerblätter)
- 1 Esslöffel Tomatenmark
- 400 ml Tomatensuppe aus der Dose
- 100 ml Kondensmilch
- 500 g Basmatireis, gewaschen und 20 Minuten in kaltem Wasser eingeweicht
- 1½ Teelöffel feines Meersalz
- 1 Esslöffel Rosenwasser
- 4 Zweige Minze, Blätter abgezupft

ANWEISUNGEN:

a) Einen großen, tiefen Topf bei mittlerer Hitze erhitzen. Geben Sie das Ghee hinzu und braten Sie die Rosinen und Mandelblättchen 20 Sekunden lang an, schöpfen Sie sie dann mit einem Schaumlöffel heraus und geben Sie sie in eine Schüssel.

b) Die Zwiebel zum in der Pfanne verbliebenen Ghee hinzufügen und goldbraun anbraten, dann Knoblauch, Ingwer, Zimt, Kardamom, Nelken, Sternanis und Pandanknoten dazugeben und 1 Minute lang anbraten, bis es duftet.

c) Nun das Tomatenpüree, die Tomatensuppe und die Kondensmilch hinzufügen. Zum Kochen bringen und Reis, Salz und Rosenwasser hinzufügen. Gründlich mischen, dann 900 ml Wasser hinzufügen.

d) Nochmals aufkochen lassen, dann die Hitze auf niedrige Stufe reduzieren.

e) Mit einem Deckel abdecken und 8 Minuten kochen lassen, dabei ein- oder zweimal umrühren.

f) Den Herd ausschalten, den Topf mit Alufolie abdecken und 15 Minuten ruhen lassen.

g) Die Minzblätter, Rosinen und Mandelblättchen darüber streuen und gut umrühren, dann auf eine Platte geben und sofort servieren.

70.Im Wok gebratene flache Nudeln mit Garnelen aus Penang

ZUTATEN:

- 200 g getrocknete Reisbandnudeln, 8 oder 10 mm breit
- 2 Esslöffel Pflanzenöl, plus etwas Öl zum Rühren des Eies
- 3 Knoblauchzehen, fein gehackt
- 10 rohe Riesengarnelen, geschält
- 10 frische Herzmuscheln, ohne Schale (traditionell, aber optional)
- 2 Esslöffel Chilipaste , fertig aus dem Glas oder selbstgemacht
- 3 Esslöffel helle Sojasauce
- 3 Esslöffel süße Sojasauce
- 1 Ei
- 125g Sojasprossen
- 50g Kow Choi (Knoblauch oder chinesischer Schnittlauch) oder Frühlingszwiebeln
- ½ Teelöffel Sesamöl
- Eine Prise gemahlener weißer Pfeffer

ANWEISUNGEN:

a) In einem mittelgroßen Topf reichlich Wasser zum Kochen bringen und den Herd ausschalten. Die Nudeln 8 Minuten ohne Deckel blanchieren, abtropfen lassen und mit kaltem Wasser übergießen, dann erneut abtropfen lassen und beiseite stellen.

b) Erhitzen Sie einen Wok oder eine große Bratpfanne bei starker Hitze und geben Sie die 2 Esslöffel Öl hinein. Braten Sie den Knoblauch etwa fünf Sekunden lang an und fügen Sie dann die Garnelen und Herzmuscheln hinzu. Kochen, bis die Garnelen rosa werden. Die Chilipaste hinzufügen und 30 Sekunden braten, dann die Nudeln und die beiden Sojasaucen hinzufügen. 2 Minuten braten, bis die Nudeln die Soße aufgesaugt haben.

c) Schieben Sie die Nudeln auf eine Seite des Woks und beträufeln Sie sie mit etwas mehr Öl. Schlagen Sie das Ei auf, lassen Sie es rühren und rühren Sie es dann unter die Nudeln. Sojasprossen und Schnittlauch dazugeben und 1 Minute kochen lassen, dann den Herd ausschalten, mit Sesamöl beträufeln, alles gut umrühren und auf eine Platte oder eine flache Schüssel geben.

d) Mit Pfeffer bestreuen und sofort servieren.

71.Garnelen-Curry Laksa

ZUTATEN:
- 150g Fadennudeln
- ½ Teelöffel gemahlener Kurkuma
- 6 Esslöffel Pflanzenöl
- 12 rohe Riesengarnelen, geschält
- 1½ Teelöffel feines Meersalz
- 1 Teelöffel weißer Zucker
- 100 ml Kokosmilch
- 100 g Spinat, in 10 cm breite Streifen geschnitten
- 6 Stücke fertig gebratener schwammiger Tofu, jeweils in 4 Stücke geschnitten
- 100g Sojasprossen
- Saft von 1 Limette

FÜR DIE GEWÜRZPASTE
- 8 getrocknete Chilis, 10 Minuten in kochendem Wasser eingeweicht
- 3 Schalotten
- 4 Knoblauchzehen
- 2,5 cm frischer Ingwer
- 2 Stängel Zitronengras (nur die untere Hälfte verwenden)
- ½ Teelöffel Garnelenpaste, trocken geröstet (oder Fischsauce)

FÜR DIE GEMAHLENE GEWÜRZMISCHUNG
- 1 Esslöffel Koriandersamen
- 1 Teelöffel Kreuzkümmelsamen
- 1 Sternanis
- 1 Zimtstange
- ½ Teelöffel schwarze Pfefferkörner
- 2 grüne Kardamomkapseln

ANWEISUNGEN:

a) Alle Pastenzutaten in einer Küchenmaschine pürieren, bis eine glatte Masse entsteht.
b) Die Fadennudeln in eine Schüssel geben und 1 Liter kochendes Wasser hinzufügen. 2 Minuten blanchieren, dann abtropfen lassen. Geben Sie die Nudeln für 3 Minuten in eine Schüssel mit eiskaltem Wasser, lassen Sie sie dann erneut abtropfen und stellen Sie sie beiseite.
c) In einer Bratpfanne die Zutaten der Gewürzmischung bei mittlerer Hitze 30 Sekunden lang trocken rösten, dann in eine Gewürzmühle geben und fein mahlen.
d) In einer Schüssel die gemischte Gewürzpaste, die gemahlene Gewürzmischung und die gemahlene Kurkuma gründlich vermischen.
e) Einen Topf bei mittlerer Hitze erhitzen. Fügen Sie das Öl hinzu und braten Sie die Gewürzpastenmischung 2 Minuten lang an, bis sie duftet. Fügen Sie die Garnelen hinzu und kochen Sie sie 2 Minuten lang, bis sie rosa sind und gar sind. Salz, Zucker und Kokosmilch sowie 750 ml Wasser hinzufügen und zum Kochen bringen.
f) Reduzieren Sie die Hitze auf eine niedrige Stufe und geben Sie Spinat, Tofu, Sojasprossen, abgetropfte Nudeln und Limettensaft hinzu. 2 Minuten kochen lassen, dann in eine Schüssel geben und servieren.

72. Penang-Nudelsuppe mit Fischbrühe

ZUTATEN:
- 600g Makrelenfilets
- 4 Zweige vietnamesischer Koriander (oder Basilikum), Blätter vom Stiel abgezupft
- 4 Teelöffel Ingwerblütenpüree (oder Zitronengraspüree)
- 4 Esslöffel Tamarindenpaste (oder Zitronen- oder Limettensaft)
- 1½ Teelöffel feines Meersalz
- 1 Teelöffel weißer Zucker
- 600 g dicke, essfertige Udon - Reisnudeln

FÜR DIE GEWÜRZPASTE
- 3 Schalotten
- 2 Stängel Zitronengras (nur die untere Hälfte verwenden)
- 2,5 cm frischer Galgant (oder Ingwer)
- 8 getrocknete Chilis, 10 Minuten in kochendem Wasser eingeweicht
- 1 Teelöffel Garnelenpaste, trocken geröstet (oder 2 Esslöffel Fischsauce)

ZUM GARNIEREN:
- 100 g Ananas, in dünne Spalten geschnitten
- ½ Gurke, julieniert
- 1 mittelgroße rote Zwiebel, in dünne Ringe geschnitten
- 2 rote Chilischoten, entkernt und in dünne Scheiben geschnitten
- 4 Zweige Minze, Blätter abgezupft und grob gehackt
- 2 Zweige vietnamesischer Koriander (oder Basilikum), Blätter abgezupft und grob gehackt

ANWEISUNGEN:

a) Die Zutaten für die Gewürzpaste in einer Küchenmaschine oder mit einem Stabmixer fein pürieren und beiseite stellen.
b) Liter Wasser in einen Topf geben und zum Kochen bringen. Geben Sie den Fisch mit einem Schaumlöffel in eine Schüssel und brechen Sie das Fleisch mit einer Gabel in kleinere Stücke, wobei Sie alle Gräten entfernen. Behalten Sie den Fischbestand.
c) Geben Sie die Gewürzpaste zusammen mit dem vietnamesischen Koriander, dem Ingwerblütenpüree, der Tamarinde, dem Salz, dem Zucker und den Fischstücken in die Brühe. Zum Kochen bringen, dann die Hitze reduzieren und 20 Minuten köcheln lassen.
d) In der Zwischenzeit die Nudeln 1 Minute in kochendem Wasser blanchieren, dann abgießen und beiseite stellen.
e) Zum Servieren die Nudeln in kleine Schüsseln füllen und mit der Brühe übergießen. Mit Ananas, Gurke, Zwiebel, Chili , Minze und vietnamesischen Korianderblättern garnieren und sofort servieren.

73. Gebratene Reisnudeln mit Fadennudeln

ZUTATEN:

- 1 x 375-g-Packung Reisfadennudeln
- 2 Esslöffel Pflanzenöl
- 5 Knoblauchzehen, fein gehackt
- 4 EL Chilipaste , fertig aus dem Glas oder selbstgemacht
- 2 Esslöffel süße Sojasauce
- 4 Esslöffel helle Sojasauce
- 200 g Spinat, in 10 cm breite Streifen geschnitten
- 200g Sojasprossen
- 2 Frühlingszwiebeln, schräg in 2 cm große Stücke geschnitten

ANWEISUNGEN:

a) 3 Liter Wasser zum Kochen bringen, dann den Herd ausschalten und die Fadennudeln 2 Minuten blanchieren. Abgießen, die Nudeln 3 Minuten lang in eine Schüssel mit eiskaltem Wasser geben, dann erneut abtropfen lassen und beiseite stellen.

b) In einem Wok oder einer großen Bratpfanne das Öl bei starker Hitze erhitzen und den Knoblauch darin goldbraun anbraten. Fügen Sie die Chilipaste hinzu und braten Sie sie 1 Minute lang. Fügen Sie dann die Nudeln und beide Sojasaucen hinzu und braten Sie sie 2 Minuten lang, bis alles gut vermischt ist. Den Spinat und die Sojasprossen hinzufügen und 1 Minute lang braten, oder bis das Gemüse zusammengefallen ist.

c) Die Frühlingszwiebeln dazugeben und noch einmal umrühren, dann auf eine große Platte geben und sofort servieren.

74.Kokosreis

ZUTATEN:
- 500 g Basmatireis, abgespült und 20 Minuten in Wasser eingeweicht
- 2,5 cm frischer Ingwer, julieniert
- 2 Kardamomkapseln
- 5 cm lange Zimtstange
- 1 Sternanis
- 2 Pandanblätter (oder Lorbeerblätter) (optional)
- 1 Stängel Zitronengras, gequetscht
- 250 ml Kokosmilch
- 1½ Teelöffel feines Meersalz
- Für die Gewürze
- Chili- Sambal
- 100 g getrocknete Sardellen, in 100 ml Pflanzenöl knusprig frittiert
- 300 g Gurke, geschält und in 1 cm dicke Scheiben geschnitten
- 150 g Erdnüsse, trocken geröstet und mit ½ Esslöffel Pflanzenöl bestreut
- 4 hartgekochte Eier

ANWEISUNGEN:

a) Geben Sie alle Zutaten außer den Gewürzen in einen großen, tiefen Topf mit 1,1 Liter Wasser und rühren Sie alles gründlich um.

b) Bei mittlerer Hitze zum Kochen bringen, dann mit einem Deckel abdecken und 8 Minuten köcheln lassen, dabei ein- bis zweimal umrühren. Den Herd ausschalten, den Topf mit Alufolie abdecken und 15 Minuten ruhen lassen.

c) In eine Schüssel geben und mit Sambal und anderen Gewürzen servieren.

75. Gedämpfter Klebreis mit Kurkuma

ZUTATEN:
- 600g Klebreis
- 2 Esslöffel gemahlene Kurkuma
- 1 Teelöffel schwarze Pfefferkörner
- 2 Pandanblätter, jeweils zu einem Knoten zusammengebunden (oder 2 Lorbeerblätter)
- 300 ml Kokosmilch
- 1½ Teelöffel feines Meersalz

ANWEISUNGEN:

a) Geben Sie den Klebreis in eine Schüssel und fügen Sie Wasser hinzu, bis es 5 cm über dem Reisspiegel steht. Geben Sie Kurkuma und Pfefferkörner hinzu und rühren Sie gut um, bis alles gut vermischt ist. Decken Sie die Schüssel ab und lassen Sie den Reis mindestens 4 Stunden lang einweichen – wenn Sie möchten, können Sie ihn auch über Nacht stehen lassen.

b) Stellen Sie einen Dampfgarer auf oder stellen Sie einen Rost in einen Wok oder eine tiefe Pfanne mit Deckel. 5 cm Wasser einfüllen und bei starker Hitze zum Kochen bringen.

c) Lassen Sie den Reis abtropfen und geben Sie ihn in ein rundes Tablett oder eine Kuchenform, die in den Dampfgarer passt. Die Pandan-Knoten hinzufügen und 30 Minuten lang dämpfen, dann in eine Schüssel geben, die Pandan-Knoten entfernen und die Kokosmilch und das Salz hinzufügen.

d) Gründlich vermischen, dann den Reis zurück in das Blech oder die Dose geben und weitere 15 Minuten dämpfen. Wieder aus dem Dampfgarer nehmen und gut umrühren.

e) In eine Schüssel geben und mit einfachem malaiischem Hühnercurry, Rindfleisch-Rendang oder aromatischem und reichhaltigem Lamm-Trockencurry servieren.

76. Aromatischer Rinderreis

ZUTATEN:
- 400 g Rinderoberseite, in Stücke geschnitten
- 2 Teelöffel feines Meersalz
- 150g Ghee (oder Butter)
- 50g Rosinen
- 25g Cashewnüsse
- 1 große Zwiebel, gewürfelt
- 5 cm lange Zimtstange
- 4 grüne Kardamomkapseln
- 4 Nelken
- 1 Sternanis
- 2 Pandanblätter , zu einem Knoten zusammengebunden (oder 4 Lorbeerblätter)
- 5 Esslöffel gemahlene Gewürzmischung für aromatischen Rinderreis und reichhaltiges Lammcurry, gemischt mit einem Schuss Wasser
- 500 g Basmatireis, gewaschen und 20 Minuten in kaltem Wasser eingeweicht, dann abgetropft
- 100 ml Kondensmilch
- 4 Zweige Minze, Blätter abgezupft

ANWEISUNGEN:

a) Einen großen, tiefen Topf bei mittlerer Hitze erhitzen und 1,3 Liter Wasser hinzufügen. Das Rindfleisch und das Salz hinzufügen und zum Kochen bringen, dann die Hitze reduzieren und 30 Minuten köcheln lassen. Schalten Sie die Heizung aus. Die Rindfleischstücke mit einem Schaumlöffel in eine Schüssel geben und beiseite stellen.

b) Geben Sie die Brühe in eine andere Schüssel. Sie benötigen 1,2 Liter.

c) Einen zweiten großen, tiefen Topf bei mittlerer Hitze erhitzen. Geben Sie das Ghee hinzu und braten Sie die Rosinen und Cashewnüsse 30 Sekunden lang an. Nehmen Sie sie dann mit einem Schaumlöffel heraus und geben Sie sie in eine kleine Schüssel.

d) Die Zwiebel zum im Topf verbliebenen Ghee hinzufügen und goldbraun anbraten, dann Zimt, Kardamom, Nelken, Sternanis und Pandanknoten dazugeben und 1 Minute lang anbraten, bis es duftet.

e) Die gemahlene Gewürzmischung in die Pfanne geben, dann das Rindfleisch dazugeben und 2 Minuten kochen lassen. Den Reis und die Kondensmilch dazugeben, gründlich vermischen, um den Reis mit Gewürzen zu überziehen, dann die 1,2 Liter Brühe hinzufügen. Zum Kochen bringen, dann die Hitze reduzieren, mit einem Deckel abdecken und 8 Minuten kochen lassen, dabei ein- oder zweimal umrühren. Den Herd ausschalten, den Topf mit Alufolie abdecken und 15 Minuten ruhen lassen.

f) Minzblätter, Rosinen und Cashewnüsse darüberstreuen und gut umrühren. In eine Schüssel geben und sofort mit Tamarinden-Dip servieren.

77. Kräuterreis

ZUTATEN:
- 3 Esslöffel Pflanzenöl
- 2 Schalotten, in dünne Scheiben geschnitten
- 1100g gekochter Basmati- oder Langkornreis
- 1 Teelöffel grob gemahlener schwarzer Pfeffer
- 1 Teelöffel gemahlener weißer Pfeffer
- 80 g gesalzener Fisch, leicht in etwas Öl gebraten, dann abgekühlt und mit einem Stößel und Mörser zerstoßen
- 5 Esslöffel Kerisik (geröstete Kokosnuss)
- 2 Teelöffel feines Meersalz
- Für die Kräuter
- 2 Esslöffel Ingwerblütenpüree (oder Zitronengraspüree)
- 4 Esslöffel fein gehackte frische Minzblätter
- 4 Esslöffel fein gehackter frischer Koriander
- 6 Esslöffel fein gehackte Brunnenkresse (oder Wassernabel)
- 4 Esslöffel fein gehacktes Zitronengras (nur die untere Hälfte verwenden)
- 4 Esslöffel fein gehackte vietnamesische Korianderblätter (oder Minze oder Basilikum)
- 2 Esslöffel fein gehackte Kaffernlimettenblätter (oder Limettenschale)
- 4 Esslöffel fein gehackte Thai-Basilikumblätter (oder normales Basilikum)
- 2,5 cm frischer Ingwer, fein gehackt

ANWEISUNGEN:
a) Erhitzen Sie eine mittelgroße Bratpfanne bei mittlerer Hitze, geben Sie dann das Öl hinzu und braten Sie die Schalotten an, bis sie knusprig und goldbraun sind. Mit einem Schaumlöffel herausnehmen und mit Küchenpapier abtupfen, um überschüssiges Öl zu entfernen.
b) Den gekochten Reis, die schwarzen und weißen Paprikaschoten und den gesalzenen Fisch in eine große Schüssel geben und gründlich vermischen (ich empfehle die Verwendung der Hände). Kerisik, Salz und alle Kräuter dazugeben und gut vermischen.
c) Mit den gebratenen Schalotten garnieren und sofort servieren.

78. Gebratener Gemüsereis mit Eiern

ZUTATEN:
- 2 Esslöffel Pflanzenöl, plus etwas Öl zum Rühren des Eies
- 3 Knoblauchzehen, fein gehackt
- 2,5 cm frischer Ingwer, fein gehackt
- 150 g Pak Choi, in 2,5 cm breite Streifen geschnitten
- 150 g gemischtes Gemüse (grüne Erbsen, Mais und Karotten)
- 1 Ei
- 400 g gekochter Basmati- oder Langkornreis
- 1 Esslöffel Pilzsauce oder vegetarische Austernsauce
- 3 Esslöffel helle Sojasauce
- ½ Teelöffel gemahlener weißer Pfeffer
- 1 Teelöffel Sesamöl
- 1 Frühlingszwiebel, in 0,5 cm dicke Scheiben geschnitten

ANWEISUNGEN:

a) Einen Wok oder eine große Bratpfanne bei starker Hitze erhitzen. Fügen Sie das Öl hinzu und braten Sie den Knoblauch und den Ingwer an, bis sie duften und goldbraun sind. Den Pak Choi und das gemischte Gemüse dazugeben und 1 Minute kochen lassen, bis das Gemüse zusammengefallen ist.

b) Geben Sie das Gemüse auf eine Seite der Pfanne und beträufeln Sie es dann mit etwas Öl.

c) Schlagen Sie das Ei auf, lassen Sie es rühren und vermischen Sie es gründlich mit dem Gemüse.

d) Den Reis sowie die Pilz- und Sojasauce hinzufügen und 2 Minuten braten. Schalten Sie den Herd aus, fügen Sie den weißen Pfeffer, das Sesamöl und die Frühlingszwiebeln hinzu und rühren Sie noch einmal um.

e) Auf eine Platte geben und sofort servieren.

79.Sardellen-Eierreis

ZUTATEN:
- 4 Esslöffel Pflanzenöl, plus etwas Öl zum Rühren des Eies
- 30g getrocknete Sardellen
- 3 Knoblauchzehen, fein gehackt
- ½ mittelgroße Zwiebel, gewürfelt
- 1 Esslöffel Chilipaste , fertig aus dem Glas oder selbstgemacht
- 300g gekochter Reis
- 1½ Esslöffel süße Sojasauce
- 2 Esslöffel helle Sojasauce
- ½ Karotte, geschält und gewürfelt
- 2 Esslöffel gefrorene Erbsen
- 1 Ei, geschlagen
- Eine Prise weißer Pfeffer

ANWEISUNGEN:
a) Einen Wok oder eine große Bratpfanne bei mittlerer Hitze erhitzen. Geben Sie das Öl hinzu und braten Sie die Sardellen 1–2 Minuten lang an, bis sie knusprig sind. Dann nehmen Sie sie heraus und tupfen Sie sie mit Küchenpapier ab.
b) Mit dem in der Pfanne verbliebenen Öl den Knoblauch und die Zwiebel anbraten, bis sie duften und goldbraun sind. Die Chilipaste hinzufügen und 30 Sekunden braten, dann den Reis, beide Sojasaucen, die Karotte und die gefrorenen Erbsen hinzufügen. Gut vermischen, dann 2 Minuten braten, bis die Sauce gut mit dem Reis vermischt ist.
c) Schieben Sie alle Zutaten auf eine Seite des Woks, beträufeln Sie sie dann mit etwas Öl und schlagen Sie das Ei hinein. Lassen Sie es rühren, rühren Sie es dann unter den Reis und vermischen Sie alles gut. Die Sardellen und eine Prise weißen Pfeffer dazugeben und gut vermischen, dann auf eine Platte geben und sofort servieren.

80. Gebratener Eierreis im Omelettpaket

ZUTATEN:
- 2 Esslöffel Pflanzenöl, plus etwas Öl zum Rühren des Eies
- 1 mittelgroße Zwiebel, gewürfelt
- 4 Knoblauchzehen, fein gehackt
- 200 g Hähnchenbrust ohne Knochen, gewürfelt
- 1 Ei
- 2 Esslöffel Austernsauce
- 2 Esslöffel helle Sojasauce
- 500g gekochter Reis
- 100 g gemischtes Gemüse (Karotten, Erbsen, grüne Bohnen, Mais)
- 1 Teelöffel feines Meersalz
- ½ Teelöffel gemahlener weißer Pfeffer
- Für die Wraps
- 4 Eier
- Feines Meersalz
- 2 Esslöffel Pflanzenöl

ANWEISUNGEN:

a) Einen Wok oder eine große Bratpfanne bei starker Hitze erhitzen. Fügen Sie das Öl hinzu und braten Sie die Zwiebel und den Knoblauch an, bis sie duften und goldbraun sind. Fügen Sie das Huhn hinzu und braten Sie es 2 Minuten lang an, um es zu verschließen.

b) Legen Sie das Hähnchen auf eine Seite des Woks oder der Pfanne, beträufeln Sie es dann mit etwas Öl, schlagen Sie das Ei hinein, lassen Sie es verrühren und vermischen Sie es dann mit dem Hähnchen.

c) Austern- und Sojasauce, Reis, Gemüse und Salz hinzufügen und gut umrühren. 2 Minuten kochen lassen, dann den Herd ausschalten und mit dem weißen Pfeffer bestreuen. In eine Schüssel geben.

d) Ein Ei in einer Schüssel verquirlen und eine Prise Salz hinzufügen. Eine große Bratpfanne erhitzen, einen halben Esslöffel Öl hinzufügen und das geschlagene Ei hineingießen, sodass eine dünne Omelettschicht entsteht. 1–2 Minuten braten, bis es gar ist und knusprig goldbraun wird.

e) Vorsichtig aus der Pfanne nehmen und zum Einwickeln auf eine ebene Fläche legen. Mit den restlichen Eiern wiederholen, um 4 Omeletts zuzubereiten.

f) Teilen Sie den gebratenen Reis in 4 Portionen. Legen Sie eine Portion auf eines der Omeletts, wickeln Sie es dann vorsichtig wie ein Päckchen ein und drehen Sie es um, sodass die Verbindungsstelle darunter liegt. Dadurch wird verhindert, dass sich das Paket öffnet.

g) Mit dem restlichen gebratenen Reis und den Wraps wiederholen und sofort servieren.

81. Gebratene Mamak-Nudeln

ZUTATEN:
- 300g getrocknete Eiernudeln
- 3 Esslöffel Pflanzenöl, plus etwas Öl zum Rühren der Eier
- 5 Knoblauchzehen, fein gehackt
- 300 g Hähnchenbrust ohne Knochen, in dünne Scheiben geschnitten
- 200g Tintenfisch, einritzen und in Stücke schneiden
- 3 EL Chilipaste, fertig aus dem Glas oder selbstgemacht
- 4 Esslöffel dunkle Sojasauce
- 4 Esslöffel helle Sojasauce
- 2 Esslöffel Tomatenketchup
- 1½ Esslöffel weißer Essig
- 75 g Süßkartoffel, gekocht und püriert mit einem Schuss Wasser
- 2 Eier
- 200g Sojasprossen
- 150 g Kartoffeln, gekocht und in Stücke geschnitten
- 100 g Spinat, in 10 cm breite Streifen geschnitten
- 6 Krapfen, in kleine Stücke geschnitten (optional)
- 1 Limette, in 4 Spalten geschnitten

ANWEISUNGEN:

a) 2,5 Liter Wasser in einem großen, tiefen Topf zum Kochen bringen. Die Nudeln dazugeben und 10 Minuten kochen, bis sie weich sind, dann abgießen und beiseite stellen.

b) Erhitzen Sie einen großen Wok oder eine Bratpfanne bei starker Hitze, geben Sie dann das Öl hinzu und braten Sie den Knoblauch an, bis er duftet. Hähnchen und Tintenfisch hinzufügen und 2 Minuten kochen lassen.

c) Nun die Chilipaste hinzufügen und 1 Minute braten, dann die Nudeln, beide Sojasaucen, Tomatenketchup, Essig und Süßkartoffelpüree dazugeben und weitere 2 Minuten braten.

d) Schöpfen Sie die Nudeln auf eine Seite des Woks oder der Bratpfanne. Etwas Öl darüberträufeln, die Eier aufschlagen, rühren lassen und dann mit den Nudeln vermischen.

e) Sojasprossen, Kartoffeln, Spinat und die gekochten Krapfen dazugeben. Braten, bis das Gemüse zusammenfällt, dann auf eine Platte geben und sofort mit den Limettenspalten servieren.

82. Nudeln in Sojasauce mit Meeresfrüchten

ZUTATEN:
- 1 Esslöffel Pflanzenöl
- 3 Knoblauchzehen, fein gehackt
- 2,5 cm frischer Ingwer, fein gehackt
- 100g rohe Muscheln, in ihrer Schale
- 100 g rohe Riesengarnelen, geschält
- 100 g Tintenfisch, einritzen und in kleine Stücke schneiden
- 2 Esslöffel süße Sojasauce
- 1 Esslöffel dunkle Sojasauce
- 1 Esslöffel Austernsauce
- 10 g getrocknete Sardellen, 5 Minuten in Wasser eingeweicht und zerstoßen (optional)
- 200g Eiernudeln, 5 Minuten in heißem Wasser eingeweicht
- 50g Pak Choi
- 50g Sojasprossen
- ½ Teelöffel gemahlener weißer Pfeffer
- ½ Teelöffel Sesamöl

ANWEISUNGEN:

a) Erhitzen Sie das Öl in einer Bratpfanne bei mittlerer Hitze und braten Sie den Knoblauch und den Ingwer an, bis sie duften. Geben Sie die Muscheln, Garnelen und den Tintenfisch hinzu und werfen Sie alle geöffneten Muscheln weg, die sich beim Klopfen nicht schließen lassen. 2 Minuten kochen lassen, dann die Garnelen und den Tintenfisch (aber nicht die Muscheln) in eine Schüssel geben und beiseite stellen. Dadurch soll verhindert werden, dass die Meeresfrüchte zu lange gegart werden.

b) Beide Sojasaucen, die Austernsauce und die Sardellen sowie 200 ml Wasser hinzufügen und die Muscheln bei schwacher Hitze 5 Minuten köcheln lassen, um die Sauce zu reduzieren.

c) Eiernudeln, Pak Choi, Sojasprossen, weißen Pfeffer und Sesamöl hinzufügen und 2 Minuten kochen lassen, dann die Garnelen und den Tintenfisch zurückgeben. Entfernen Sie alle ungeöffneten Muscheln und entsorgen Sie sie.

d) Nochmals umrühren und den Herd ausschalten, dann in kleine Schüsseln umfüllen und sofort servieren.

83.Ipoh Curry-Nudelsauce

ZUTATEN:
- 400 g Hähnchenschenkelstücke ohne Knochen
- 25 g getrocknete Sardellen (optional)
- 2 Teelöffel feines Meersalz
- 5 cm lange Zimtstange
- 2 Sternanis
- 4 Kardamomkapseln
- 4 Nelken
- 500g Eiernudeln
- 6 Esslöffel Pflanzenöl
- 2 Zweige Curryblätter, Blätter gezupft (oder 3 Lorbeerblätter)
- 200 ml Kokosmilch
- 8 Stücke fertig gebratener schwammiger Tofu, jeweils in 4 Stücke geschnitten
- 100g Sojasprossen

FÜR DIE PASTE:
- 3 Schalotten
- 4 Knoblauchzehen
- 5 cm frische Kurkuma (oder 2 Teelöffel gemahlene Kurkuma)
- 2,5 cm frischer Ingwer
- 2,5 cm frischer Galgant (oder zusätzlicher Ingwer)
- 2 Stängel Zitronengras
- 4 Macadamianüsse
- 6 getrocknete Chilischoten , 10 Minuten in kochendem Wasser eingeweicht
- ½ Teelöffel Garnelenpaste, trocken geröstet (oder 1 Esslöffel Fischsauce)
- 1 Esslöffel gemahlener Koriander
- 1 Teelöffel gemahlener Kreuzkümmel
- 1 Teelöffel gemahlener Fenchel

ZUM GARNIEREN:
- 1 rote Chilischote , in 0,5 cm dicke Scheiben geschnitten
- 3 Esslöffel fertig gebratene Schalotten
- 4 Zweige Minze, Blätter abgezupft
- 1 Limette, in Spalten geschnitten
- 4 hartgekochte Eier, geviertelt

ANWEISUNGEN:

a) Alle Pastenzutaten in einer Küchenmaschine pürieren, bis eine glatte Masse entsteht.

b) Stellen Sie einen großen, tiefen Topf auf mittlere Hitze und geben Sie 1,75 Liter Wasser hinein. Hähnchen, Sardellen, Salz, Zimt, Sternanis, Kardamomkapseln und Nelken hinzufügen und zum Kochen bringen, dann die Hitze auf niedrige Stufe reduzieren und 30 Minuten köcheln lassen. Schalten Sie die Heizung aus.

c) In einem separaten Topf 2 Liter Wasser bei mittlerer Hitze zum Kochen bringen. Fügen Sie die Eiernudeln hinzu und kochen Sie sie 6–8 Minuten lang oder bis die Nudeln weich sind. Abgießen, mit kaltem Wasser abspülen und beiseite stellen.

d) Eine mittelgroße Bratpfanne bei mittlerer Hitze erhitzen. Fügen Sie das Öl hinzu und braten Sie die Paste 2 Minuten lang an, bis sie duftet.

e) Die Curryblätter hinzufügen und eine weitere Minute braten, dann die Paste zur Hühner- und Sardellenbrühe geben. Die Hitze wieder einschalten und zum Kochen bringen. Kokosmilch und Tofu hinzufügen, dann die Hitze auf niedrige Stufe stellen und 5 Minuten köcheln lassen.

f) Nudeln und Sojasprossen hinzufügen und 1 Minute kochen lassen. Mit Chili , gebratenen Schalotten, Minzblättern, Limettenspalten und hartgekochten Eiern garnieren und sofort servieren . Ipoh-Curry-Nudelsauce (MEE KARI IPOH)

84.Rindfleisch- und Garnelennudeln

ZUTATEN:
- 400 g Rindfleisch, in kleine Stücke geschnitten
- 2 Teelöffel feines Meersalz
- 300g getrocknete Eiernudeln
- 2 Esslöffel Pflanzenöl
- 1 mittelgroße Zwiebel, in dünne Scheiben geschnitten
- 5 Knoblauchzehen, in dünne Scheiben geschnitten
- 6 EL Chilipaste, fertig aus dem Glas oder selbstgemacht
- 3 Esslöffel Tomatenpüree
- 1 Teelöffel weißer Zucker
- 30 g getrocknete Garnelen, 10 Minuten in warmem Wasser eingeweicht (optional)
- 50 g geröstete Erdnüsse, zerkleinert
- 200g Sojasprossen
- 100g Pak Choi

ZUM GARNIEREN:
- 2 rote Chilischoten, in dünne Scheiben geschnitten
- 4 Esslöffel fertig gebratene Schalotten
- 1 Frühlingszwiebel, in 0,5 cm dicke Scheiben geschnitten
- 2 hartgekochte Eier, geviertelt

ANWEISUNGEN:

a) Einen großen, tiefen Topf bei mittlerer Hitze erhitzen und 2 Liter Wasser hinzufügen. Das Rindfleisch und das Salz hinzufügen und zum Kochen bringen, dann die Hitze auf eine niedrige Stufe reduzieren und 30 Minuten köcheln lassen. Schalten Sie die Heizung aus.

b) In einem separaten Topf 2 Liter Wasser bei mittlerer Hitze zum Kochen bringen. Fügen Sie die Eiernudeln hinzu und kochen Sie sie 6–8 Minuten lang oder bis sie weich sind. Abgießen, mit kaltem Wasser abspülen und beiseite stellen.

c) Eine mittelgroße Bratpfanne bei mittlerer Hitze erhitzen. Fügen Sie das Öl hinzu und braten Sie die Zwiebel und den Knoblauch an, bis sie duften und goldbraun sind. Chilipaste, Tomatenmark, Zucker, Garnelen und Erdnüsse hinzufügen.

d) 3 Minuten kochen lassen, dann in die Pfanne mit Rindfleisch und Brühe geben. Gut vermischen und die Hitze wieder auf mittlere Stufe stellen.

e) Zum Kochen bringen, dann Nudeln, Sojasprossen und Pak Choi hinzufügen. 2 Minuten kochen lassen, bis das Gemüse zusammengefallen ist.

f) In kleinen Schüsseln servieren, mit Chilischoten, gebratenen Schalotten, Frühlingszwiebeln und hartgekochten Eiern garnieren und sofort servieren.

85.Gebratene Hühnernudeln

ZUTATEN:
- ½ Teelöffel feines Meersalz
- 450g getrocknete Eiernudeln
- 2 Teelöffel Sesamöl
- 2 Esslöffel Pflanzenöl
- 3 Knoblauchzehen, fein gehackt
- ½ mittelgroße Zwiebel, in dünne Scheiben geschnitten
- 500 g Hähnchenbrust ohne Knochen, in dünne Scheiben geschnitten
- 6 Esslöffel helle Sojasauce
- 4 EL Chilipaste, fertig aus dem Glas oder selbstgemacht
- 2 Esslöffel süße Sojasauce
- 300 g Pak Choi, gewaschen und geputzt
- 100 g fertig gebratener, schwammiger Tofu, halbiert
- 200g Sojasprossen

ANWEISUNGEN:

a) 3 Liter Wasser zum Kochen bringen und das Salz hinzufügen. Sobald es kocht, die Nudeln dazugeben und 8–10 Minuten kochen lassen. Die Nudeln abgießen und in frischem, kaltem Wasser abkühlen lassen. Nochmals gründlich abtropfen lassen und mit dem Sesamöl vermischen. Legen Sie sie beiseite.

b) Erhitzen Sie das Pflanzenöl in einem Wok oder einer großen Bratpfanne bei starker Hitze. Den Knoblauch und die Zwiebel dazugeben und anbraten, bis sie duften und goldbraun sind.

c) Fügen Sie das Hähnchen und 1 Esslöffel helle Sojasauce hinzu, kochen Sie das Hähnchen so, dass es von allen Seiten gut versiegelt ist, und fügen Sie dann die Chilipaste hinzu.

d) Eine weitere Minute kochen lassen, dann die Nudeln, die süße Sojasauce und die restliche helle Sojasauce hinzufügen. Weitere 2 Minuten weiterbraten.

e) Pak Choi, Tofu und Sojasprossen dazugeben und ständig rühren, bis das Gemüse zusammengefallen ist. Den Herd ausschalten, auf eine große Platte geben und sofort servieren.

86. Malaiische gebratene Nudeln

ZUTATEN:
- 400 g Reisnudeln, 10 mm breit
- 600 g rohe Riesengarnelen, geschält
- 2 Esslöffel Pflanzenöl, plus ½ Esslöffel zum Rühren der Eier
- 5 Knoblauchzehen, fein gehackt
- 50g Herzmuschel- oder Muschelfleisch
- 6 EL Chilipaste , fertig aus dem Glas oder selbstgemacht
- 8 Esslöffel Austernsauce
- 4 Esslöffel helle Sojasauce
- 30 g getrocknete Sardellen, 5 Minuten in Wasser eingeweicht, dann abtropfen lassen und im Mörser fein zerstoßen
- 2 Eier
- 200g Sojasprossen
- 50 g chinesischer Knoblauch-Schnittlauch (oder Frühlingszwiebeln), in 2,5 cm große Stücke geschnitten

ANWEISUNGEN:

a) Die Reisnudeln in einen großen Topf geben und mit kochendem Wasser bedecken. 4 Minuten einwirken lassen, dann abgießen und unter kaltem Wasser abspülen.

b) In einem mittelgroßen Topf 500 ml Wasser zum Kochen bringen und die Garnelen blanchieren, bis sie rosa und gar sind. Die Garnelen aus der Pfanne nehmen, dabei die Flüssigkeit auffangen, sie dann schälen (die Schalen behalten) und beiseite stellen. Die Schalen in einer Küchenmaschine mit der zurückbehaltenen Garnelenkochflüssigkeit vermischen, dann durch ein Sieb gießen und beiseite stellen.

c) Erhitzen Sie 2 Esslöffel Öl in einem Wok oder einer großen tiefen Bratpfanne und braten Sie den Knoblauch an, bis er duftet und goldbraun ist. Herzmuscheln oder Muscheln und Chilipaste hinzufügen , 1 Minute braten, dann Austernsauce, Sojasauce, Sardellen und Garnelenbrühe dazugeben und zum Kochen bringen. Die Nudeln hinzufügen und 2 Minuten kochen lassen.

d) Schöpfen Sie die Nudeln auf eine Seite des Woks oder der Bratpfanne, beträufeln Sie sie dann mit einem halben Esslöffel Öl und schlagen Sie die Eier hinein. Rühren lassen und dann gründlich mit den Nudeln vermischen. Die Garnelen zusammen mit den Sojasprossen und dem Knoblauch-Schnittlauch dazugeben und kochen, bis das Gemüse zusammengefallen ist.

e) Auf eine Platte geben und sofort servieren.

PUDDINGS UND GETRÄNKE

87. Frische Mango, Honig und Kokosnuss

ZUTATEN:
- 2 reife Mangos, geschält und in Streifen geschnitten
- 4 Esslöffel klarer Honig
- 20 g Kokosraspeln, leicht goldbraun geröstet (oder 4 Teelöffel Kokosflocken)
- ¼ Teelöffel gemahlener Zimt

ANWEISUNGEN:
a) Legen Sie die Mango auf einen Servierteller und träufeln Sie den Honig darüber. Streuen Sie dann die Kokosnuss und den Zimt darüber.
b) Mit Vanilleeis oder Klebreis servieren.

88. Pandan-Vanillepudding und klebriger Reis, geschichtet, süß

ZUTATEN:
- 300 g Klebreis, 4 Stunden in Wasser eingeweicht
- 650 ml Kokosmilch
- 1 Teelöffel feines Meersalz
- 4 mittelgroße Eier
- 200g weißer Zucker
- ½ Esslöffel Pandan- Extrakt (siehe oben, oder 2 Teelöffel Vanille-Extrakt)
- 3 Esslöffel Maisstärke
- 3 Esslöffel Mehl

ANWEISUNGEN:

a) Stellen Sie einen Dampfgarer auf oder stellen Sie einen Rost in einen Wok oder eine tiefe Pfanne mit Deckel. 5 cm Wasser einfüllen und bei mittlerer Hitze zum Kochen bringen.

b) Geben Sie den Klebreis in eine runde Kuchenform mit einem Durchmesser von 23 cm und einer Höhe von mindestens 6 cm, stellen Sie ihn in den Dampfgarer und dämpfen Sie ihn 30 Minuten lang. 5 Minuten ruhen lassen, dann 200 ml Kokosmilch und Salz hinzufügen und den gedämpften Reis andrücken, bis er glatt ist. Nochmals weitere 10 Minuten dämpfen.

c) Für die Puddingschicht Eier und Zucker in einer Schüssel verquirlen, bis sich der Zucker aufgelöst hat. Den Pandan- Extrakt (oder Vanilleextrakt, falls Sie keinen Pandan finden) und die restliche Kokosmilch hinzufügen und gut verrühren. Das Mehl sieben und verrühren, bis alles gut vermischt ist.

d) Gießen Sie die Mischung über den gedämpften Klebreis, glätten Sie die Oberseite und dämpfen Sie ihn bei mittlerer Hitze 1 Stunde lang. Lassen Sie dabei den Deckel des Dampfgarers leicht geöffnet, damit kein Wasser aus dem Dampf auf die Vanillepuddingschicht tropft.

e) Nach dem Garen vollständig abkühlen lassen, dann in Scheiben schneiden und servieren.

89. Gedämpfter Reis-Kokos-Kuchen

ZUTATEN:
- 8 Stück Bananenblatt (oder Aluminiumfolie), 10 × 30 cm
- ½ Teelöffel feines Meersalz
- 200g Reismehl
- 100g Kokosraspeln
- 50g Melassezucker

ANWEISUNGEN:
a)   Reinigen Sie die Bananenblätter, falls Sie sie verwenden, und machen Sie sie dann weich, indem Sie sie einige Sekunden lang auf eine kleine Flamme oder über den Dampf eines Wasserkochers stellen.
b)   Geben Sie das Salz in eine große Schüssel mit 150 ml lauwarmem Wasser und vermischen Sie es gründlich. Das Reismehl nach und nach dazugeben, bis ein Teig entsteht. Drücken Sie den Teig durch die Löcher in einem Sieb mit mittleren Löchern, um eine brotkrumenartige Konsistenz zu erhalten. Die Kokosraspeln zu der Mischung hinzufügen und gut vermischen.
c)   Stellen Sie einen Dampfgarer auf oder stellen Sie einen Rost in einen Wok oder eine tiefe Pfanne mit Deckel. 5 cm Wasser einfüllen und bei starker Hitze zum Kochen bringen.
d)   Um eine Bananenblattform herzustellen, rollen Sie ein Blatt (oder die Aluminiumfolie) in eine Zylinderform mit etwa 4 cm Durchmesser. Binden Sie ein Stück Schnur um die Form, um sie zu befestigen. Füllen Sie die Form zur Hälfte mit der Kokosnussmischung, machen Sie dann ein Loch in die Mitte und geben Sie 1 Teelöffel Zucker hinzu. Füllen Sie nun die andere Hälfte der Form und drücken Sie die Masse vorsichtig und nicht zu fest an, da sie sonst zu kompakt wird. Die Mischung nimmt die Feuchtigkeit aus dem Dampf auf.
e)   Wiederholen Sie den Vorgang mit den restlichen Bananenblättern und der restlichen Mischung. Legen Sie die Brötchen in den Dampfgarer und dämpfen Sie sie 10 Minuten lang.
f)   Bananenblattformen herausnehmen und sofort servieren.

90. Süßer Pfannkuchen mit Reis und Kokosnuss

ZUTATEN:
- 150g Reismehl
- 50 g einfaches Mehl
- 1 Teelöffel Trockenhefe
- 6 Esslöffel weißer Zucker
- 200 ml Kokosmilch
- 2 Esslöffel Pflanzenöl oder Butter zum Einfetten

ANWEISUNGEN:

a) Reis und Mehl, Hefe, Zucker und Kokosmilch in eine Schüssel geben und 200 ml Wasser hinzufügen. Den Teig gut verrühren, dann in eine andere Schüssel abseihen, mit Frischhaltefolie abdecken und 1 Stunde ruhen lassen.

b) Machen Sie eine 20–25 cm große Bratpfanne richtig heiß und fetten Sie sie mit etwas Öl oder Butter ein. Nehmen Sie eine Kelle Teig heraus und gießen Sie ihn auf einmal in die heiße Pfanne. Sobald der Teig auf die Pfanne trifft, kippen Sie die Pfanne, damit er sich ausbreitet und eine dünne Schicht am Rand bildet.

c) Es sollte nur etwa eine Minute dauern, bis der dünne Teig am Rand anfängt, knusprig goldbraun zu werden. Falten Sie es um und nehmen Sie es dann aus der Pfanne. Mit dem restlichen Teig wiederholen. Am besten warm servieren.

91. tropischer Fruchtsalat

ZUTATEN:
- 1 halbreife Mango, gewürfelt
- 200 g gewürfelte frische Ananas
- 10 Litschis
- 4 Kiwis, geviertelt
- Kerne von 1 Granatapfel
- 10 Minzblätter
- ½ Teelöffel gemahlener Zimt
- 1 Sternanis
- 500 ml Litschisaft

ANWEISUNGEN:
a) Geben Sie alle Zutaten in eine große Schüssel und rühren Sie gut um, um das Zimtpulver gründlich zu vermischen.
b) Vor dem Servieren 20 Minuten im Kühlschrank ruhen lassen.

92. Malaysischer Tee

ZUTATEN:
- 8 Tassen kochendes Wasser
- 4 Beutel grüner Tee oder
- 8 Teelöffel Lose grüne Teeblätter
- ½ Teelöffel Zimt
- ¼ Teelöffel gemahlener Kardamom
- 2 Esslöffel Zucker

ANWEISUNGEN:
a) Alle Zutaten in eine Teekanne geben und 2 Minuten ziehen lassen.
b) Allein oder mit Mandelblättchen servieren.

93.Süßer Mungobohnenbrei

ZUTATEN:
- 400 g getrocknete Mungobohnen, 4 Stunden oder über Nacht eingeweicht
- 1 Pandanblatt , zu einem Knoten gebunden (optional)
- 50g Sago
- 100 g dunkler Kokosblütenzucker, fein gehackt
- 200g Melassezucker
- 400 ml Kokosmilch
- 1 Teelöffel feines Meersalz

ANWEISUNGEN:
a) 2,5 Liter Wasser bei mittlerer Hitze zum Kochen bringen, dann die Mungobohnen und den Pandan- Knoten dazugeben und 20 Minuten kochen lassen.
b) In der Zwischenzeit 500 ml Wasser in einem mittelgroßen Topf zum Kochen bringen.
c) Den Sago dazugeben und 15 Minuten kochen lassen, bis er glasig wird, dabei ein- oder zweimal umrühren. Abgießen, dann 1 Minute in kaltem Wasser einweichen, erneut abtropfen lassen und in eine Schüssel geben.
d) Sobald die Bohnen gar sind, den dunklen Kokosnuss- und Melassezucker hinzufügen und 2 Minuten kochen lassen, bis sich der Zucker aufgelöst hat.
e) Kokosmilch und Salz dazugeben, aufkochen, dann den Sago dazugeben, die Hitze reduzieren und 5 Minuten kochen lassen.
f) Sofort servieren, mit weichem Weißbrot oder leichten Crackern.

94. Milchreis mit dunklem Kokoszuckersirup

ZUTATEN:

- 100g Rundkorn-Puddingreis
- 50 g dunkler Kokosblütenzucker
- 100g Melassezucker
- 1 Pandanblatt , zu einem Knoten gebunden (optional)
- 600 ml Kokosmilch
- ½ Teelöffel feines Meersalz

ANWEISUNGEN:

a) Den Reis in einen großen Topf geben und mit Wasser bedecken. Zum Kochen bringen, die Hitze reduzieren und etwa 20 Minuten köcheln lassen, bis das gesamte Wasser aufgesogen ist.

b) Die Kokosmilch in den Topf geben und weitere 15 Minuten köcheln lassen, bis die gesamte Milch aufgesogen ist. Nehmen Sie die Hitze ab.

c) Den dunklen Kokosnuss- und Melassezucker sowie den Pandan-Knoten in einen kleinen Topf geben und 150 ml Wasser hinzufügen. Bei mittlerer Hitze zum Kochen bringen, dann die Hitze reduzieren und 5 Minuten kochen lassen, um die Menge auf die Hälfte zu reduzieren.

d) Zum Servieren den Milchreis in kleine Schüsseln füllen und mit dem Zuckersirup übergießen.

95.Pandan-Eis

ZUTATEN:

- 1 Liter extra dicker Doppelrahm
- 500 ml Vollmilch
- ¼ Teelöffel feines Meersalz
- 12 Eigelb
- 300 g weißer Puderzucker
- 1 Esslöffel dicker Pandan- Extrakt
- Für den Belag (optional)
- 150 g Zartbitterschokolade (mindestens 50 % Kakao)
- 100 ml Vollmilch
- 60 g gesalzene oder ungesalzene geröstete Erdnüsse, zerkleinert

ANWEISUNGEN:

a) Sahne, Milch und Salz in einen tiefen Topf geben und bei schwacher Hitze bis zum Siedepunkt köcheln lassen.

b) Eigelb und Puderzucker in einer Schüssel schaumig schlagen. Die Hälfte der Sahne-Milch-Mischung vorsichtig unter ständigem Rühren auf die Eier und den Zucker gießen und dann die restliche Sahne und Milch unterrühren.

c) Geben Sie die gesamte Mischung zurück in den Topf und fügen Sie den Pandan- Extrakt hinzu. Unter ständigem Rühren zum Sieden bringen, damit es nicht gerinnt. Dies sollte 3–4 Minuten dauern.

d) Mit einem feinen Metallsieb die Mischung in eine gefrierfeste Schüssel oder Schüssel oder eine Kastenform abseihen. Lassen Sie es 15 Minuten lang abkühlen und stellen Sie es dann in den Gefrierschrank. Nehmen Sie es nach 45 Minuten aus dem Gefrierschrank, rühren Sie es um und wiederholen Sie den Vorgang alle 45 Minuten für 2–3 Stunden.

e) Für die Schokoladensauce die Schokolade in kleine Stücke brechen und in eine hitzebeständige Schüssel geben. Die Milch hinzufügen und über einen Topf mit kochendem Wasser stellen, bis die Schokolade geschmolzen und mit der Milch vermischt ist. Lassen Sie es vollständig abkühlen.

f) Zum Servieren das Eis in Schüsseln füllen, mit der Schokoladensauce übergießen und die zerstoßenen Erdnüsse darüber streuen.

96. Süßkartoffel und Banane in Kokosmilch

ZUTATEN:
- 200 g Süßkartoffel, geschält und in 2 cm große Würfel geschnitten
- 800 ml Kokosmilch
- 100g weißer Zucker
- ½ Teelöffel Salz
- 6 Bananen, geschält und schräg in 2 cm dicke Scheiben geschnitten

ANWEISUNGEN:

a) In einem Topf die Kartoffeln mit 500 ml Wasser 8 Minuten kochen, dann abgießen und beiseite stellen. Spülen Sie die Pfanne aus und trocknen Sie sie mit Küchenpapier.

b) Kokosmilch, Zucker und Salz in die Pfanne geben und bei mittlerer Hitze zum Kochen bringen. Reduzieren Sie die Hitze auf eine niedrige Stufe, fügen Sie die Kartoffeln und Bananenscheiben hinzu und kochen Sie alles 2–3 Minuten lang.

c) Den Herd ausschalten und servieren.

97. Bananenkrapfenbällchen

ZUTATEN:
- 1 kg reife Bananen, geschält
- 4 Esslöffel weißer Zucker
- 140 g einfaches Mehl
- 70 g selbstaufziehendes Mehl
- ½ Teelöffel feines Meersalz
- 700 ml Pflanzenöl

ANWEISUNGEN:

a) Die Bananen in einer Schüssel zerdrücken, bis sie glatt und püriert sind, dann den Zucker, beide Mehlsorten und das Salz sowie 2 Esslöffel Wasser hinzufügen. Gut mischen.

b) Das Öl in einem tiefen Topf bei mittlerer Hitze erhitzen. Um zu prüfen, ob es heiß genug ist, geben Sie einen halben Teelöffel der Mischung hinzu. Wenn Sie sehen, dass das Öl sprudelt, ist es fertig. Wenn Sie ein Thermometer haben, sollte es zwischen 180 und 200 °C liegen.

c) Geben Sie vorsichtig kleine Tropfen der Mischung in das heiße Öl. Jeder sollte sich auf die Größe eines Golfballs ausdehnen.

d) Die Kugeln 3–4 Minuten frittieren, bis die Farbe zu einem satten Dunkelbraun wechselt. Mit einem Schaumlöffel herausnehmen und auf Küchenpapier legen, um das überschüssige Öl abzutropfen.

e) Nach Belieben mit Vanilleeis servieren.

98. Malaysischer „Pulled"-Süßtee

ZUTATEN:

- 3 Teebeutel des Baumeisters
- 500 ml kochendes Wasser
- 1½ Esslöffel Zucker
- 2 Esslöffel Kondensmilch

ANWEISUNGEN:

a) Geben Sie die Teebeutel in einen großen Krug, fügen Sie kochendes Wasser hinzu und lassen Sie den Tee dann 5 Minuten lang kräftig aufbrühen.

b) Nun den Zucker und die Kondensmilch hinzufügen und umrühren. Entfernen Sie die Teebeutel.

c) Um eine schaumige Oberfläche zu erhalten, nehmen Sie eine weitere Kanne und gießen Sie den Tee von einer Kanne in die andere. Je höher Sie den Tee gießen, desto schaumiger wird die Oberseite. Tun Sie dies fünf oder sechs Mal und servieren Sie es dann in einem hohen Glas.

99.Zitronengras-Honig-Tee

ZUTATEN:
- 4 Stängel Zitronengras, zerdrückt und in 1 cm dicke Scheiben geschnitten
- 3 Teelöffel Honig

ANWEISUNGEN:

a) 500 ml Wasser zum Kochen bringen und in eine Teekanne gießen. Zitronengras dazugeben und 3 Minuten ziehen lassen.

b) Fügen Sie den Honig hinzu, bevor Sie den Tee trinken.

100.Rosensirupgetränk

ZUTATEN:

- 200g weißer Zucker
- 1 Esslöffel Rosenwasser
- 1 Sternanis
- 1 Pandanblatt , zu einem Knoten zusammengebunden (oder 1 Vanilleschote)
- 2,5 cm lange Zimtstange

ANWEISUNGEN:

a) Um den Sirup zuzubereiten, geben Sie alle Zutaten mit 300 ml Wasser in einen Topf. Aufkochen, dann 5 Minuten bei mittlerer Hitze köcheln lassen, bis die Menge auf die Hälfte reduziert ist.

b) Um das Getränk zuzubereiten, geben Sie 2 Esslöffel Sirup auf jeweils 200 ml kaltes Wasser. Einige Eiswürfel hinzufügen und sofort servieren.

ABSCHLUSS

Zum Abschluss unserer geschmackvollen Reise durch „Hojiak ist ein geschmack von malaysia" hoffe ich, dass sich Ihre Küche in eine Oase malaysischer Köstlichkeiten verwandelt hat. Dieses Kochbuch ist nicht nur eine Sammlung von Rezepten; Es ist eine Hommage an die vielfältigen Geschmacksrichtungen und den kulturellen Reichtum, die die kulinarische Landschaft Malaysias prägen.

Vielen Dank, dass Sie mich bei dieser kulinarischen Entdeckungsreise begleitet haben, von den lebendigen Streetfood-Wundern bis hin zu den raffinierten kulinarischen Meisterwerken. Mögen die Geschmäcker und Aromen in Ihrer Küche verweilen und nicht nur Mahlzeiten, sondern Erinnerungen schaffen, die Sie mit dem Herzen und der Seele Malaysias verbinden.

Wenn Sie die letzten Bissen dieser Rezepte genießen, denken Sie daran, dass „Ho Jiak " mehr als nur eine Phrase ist; es ist ein Ausdruck von Zufriedenheit und Freude. Mögen Ihre kulinarischen Abenteuer weitergehen und möge der Geist der malaysischen Aromen Ihre Küche weiterhin inspirieren und bereichern. Terima Kasih (Danke) und viel Spaß beim Kochen!

www.ingramcontent.com/pod-product-compliance
Lightning Source LLC
Chambersburg PA
CBHW071318110526
44591CB00010B/942